Nara University
奈良大ブックレット
04

邪馬台国から ヤマト王権へ

橋本輝彦　白石太一郎　坂井秀弥

ナカニシヤ出版

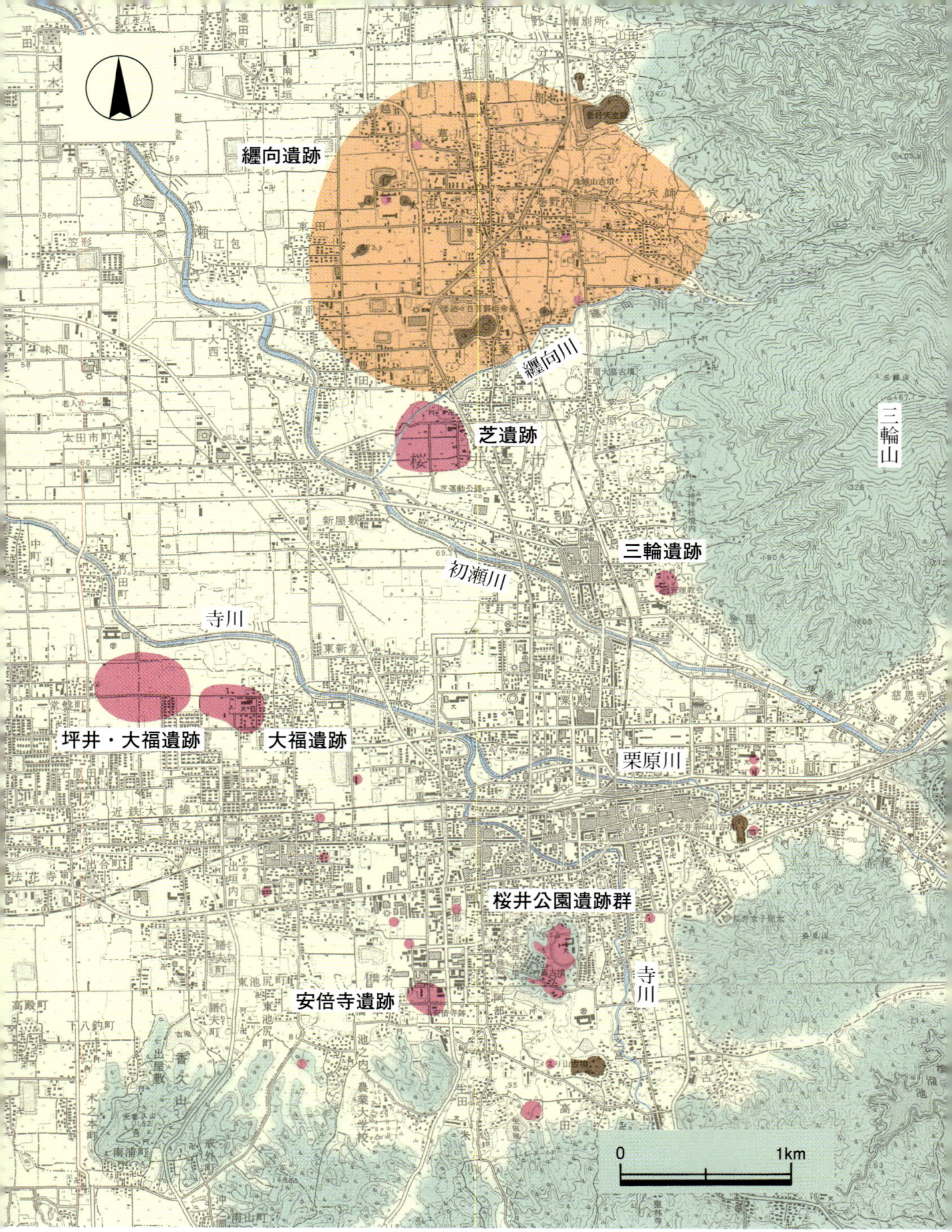

図1　桜井市内の弥生遺跡の分布と纒向遺跡〔橋本輝彦編2007より〕

写１　纒向遺跡の全景（桜井市教育委員会）（本文12ページ参照）

写３　ホケノ山古墳

写２　箸墓古墳（左背後に三輪山）

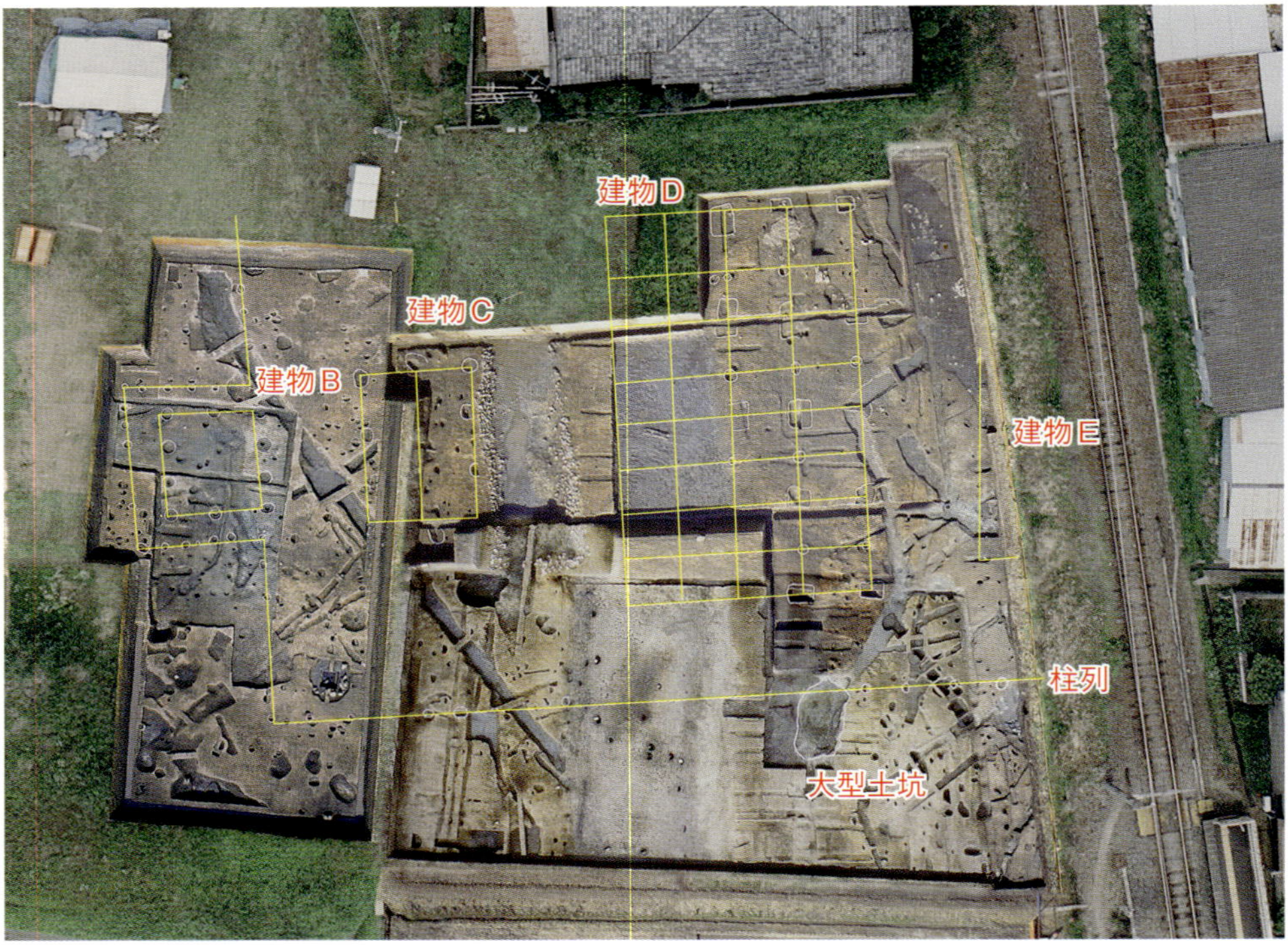

写４　纒向遺跡　建物群の配置状況（第162・166・168・170次調査の合成，上が北）
（桜井市教育委員会）

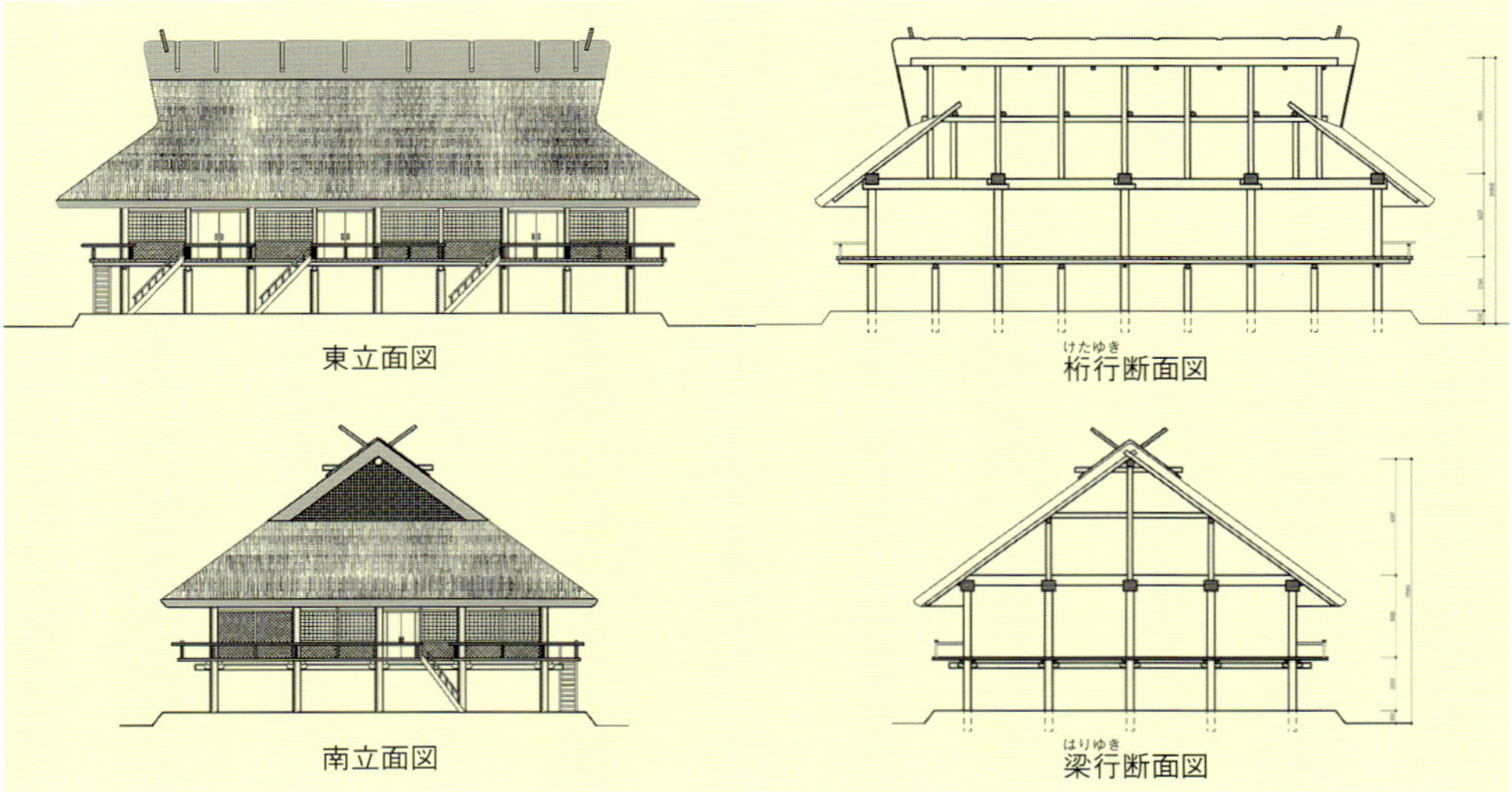

図２　建物Ｄの復原図（桜井市教育委員会）〔神戸大学建築史研究室・黒田龍二2012より一部改変〕

もくじ

はじめに——纒向遺跡と邪馬台国

坂井《さかい》　秀弥《ひでや》

平成二十一年（二〇〇九）十一月十一日の「毎日新聞」朝刊一面の見出しです。奈良県桜井市の纒向《まきむく》遺跡で三世紀前半の大型建物跡が発掘されたことを伝えたものです。中国の歴史書『魏志倭人伝《ぎしわじんでん》』によれば、三世紀前半はたしかに邪馬台国《やまたいこく》・卑弥呼《ひみこ》の時代であり、発見された建物跡は同じ時期では国内最大の規模です。

「纒向遺跡に大型建物跡　卑弥呼の宮殿か」

纒向遺跡が注目されるようになったのは、一九七六年に刊行された発掘調査報告書『纒向』（奈良県立橿原考古学研究所）でした。当時大学生だった私は、纒向から出土した土器に、西は九州、東は関東までの各地方の特徴をもったものが常識を超えるほど多量にあり、とてもおどろきました。纒向に遠く全国各地から多くの人びとが来ていた。纒向には並はずれた強大な求心力がある。そう思いました。しかし、纒向が邪馬台国とすぐに結び付くことはありませんでした。当時の通説では、纒向の年代は邪馬台国よりも半世紀ほど新しいと考えられていたからです。

それから三十年以上たちました。この間、纒向遺跡は桜井市教育委員会などにより数多くの発掘調査が行われ、その全貌がおぼろげながら見えてきました。そして、全国各地の発掘調査とその成果にもとづいた考古学の研究も飛躍的に進みました。これら多くの成果により、纒向は邪馬台国の時代に重なり、しかも、纒向遺跡の近くにあって、最古の巨大前方後円墳とみられる箸墓古墳の年代もそれに近づく可能性が高くなってきました。

こうした状況で平成二十一年に大型建物が発見されたのです。この調査を担当され、桜井市教育委員会で二十年来纒向遺跡にたずさわってこられたのが本学の卒業生、橋本輝彦さん（現桜井市纒向学研究センター主任研究員）です。また、邪馬台国からヤマト政権の時代を全国的視野から精力的に研究されてきたのが、平成二十年度まで本学の教授をつとめられた白石太一郎さん（現大阪府立近つ飛鳥博物館館長）です。

そこで、平成二十二年三月二十一日の「奈良大学春のオープンキャンパス」において、このお二人をお迎えして、大型建物の発掘成果とその歴史的意義を考える講演会・シンポジウム「邪馬台国からヤマト王権―纒向遺跡の新発見が語るもの―」を企画いたしました。講演会当日は事前の予想を大幅に上回る千三百名を超える方にご来場いただき、会場は熱気に包まれました。本書はその記録をもとに、新たに編集し直したものです。

まず橋本さんは、これまで行われた膨大な発掘調査成果をもとに、纒向遺跡が三世紀を中心とした時期の巨大な遺跡であり、しかも初期ヤマト政権成立をものがたる巨大古墳が造営された地に営まれたものであることを明快に論じたのち、発掘された大型建物の規模・構造や性格について特筆される点を解説されました。

続いて白石さんは、纒向遺跡が邪馬台国に関わる直接的な証拠がないなかで、なぜ、そのように言えるのかについて、近年蓄積された考古学研究の成果を解説されました。出現期最古の古墳の年代が、三角縁神獣鏡《さんかくぶちしんじゅうきょう》の研究から卑弥呼の没年とほぼ重なる三世紀半ばであること、そして、邪馬台国からヤマト政権の政治連合成立の過程と、その背景についてわかりやすく持論を述べられました。

お二人の講演をうけて、わたくしの拙い司会のもとで、まず神殿・居館とされた大型建物の遺構はどのように評価されるのか、つぎに纒向遺跡と密接にかかわる箸墓古墳についてどう理解するか、さいごに纒向遺跡と箸墓古墳は将来どのように保存・活用すべきかについて論点を整理しました。

邪馬台国の所在地は九州説と畿内説とがあり、長く論争されてきました。それがなぜ、纒向遺跡なのか、なぜ今回発見された建物跡がその中枢とみられるのか。ご一読いただければ、今回の調査成果とこの三十年来の考古学の進展、さらには纒向遺跡・邪馬台国・ヤマト政権のつながりなどについて、理解を深めていただけるものと思います。

（奈良大学文学部文化財学科 教授）

邪馬台国からヤマト王権へ1

第1章　纒向遺跡の発掘調査
——卑弥呼の宮殿を探して

橋本《はしもと》　輝彦《てるひこ》

一　纒向遺跡とはどんな遺跡なのか

纒向《まきむく》遺跡の調査についてお話しいたします。前半では纒向遺跡がどのような特質を持った遺跡なのかということをご紹介した後、後半では今回検出された居館状遺構の状況についてお話ししたいと思います。

纒向遺跡の位置

私の調査していいます纒向遺跡ですが、口絵図1に示しましたように、奈良盆地の東南の隅に位置し、桜井市域のなかでは平野部の北端に遺跡が存在しています。遺跡の南東には三輪山《みわやま》（写1）というお山がありますが、よく知られているのは大和国の一ノ宮になっている大神《おおみわ》神社さん（写2）の神体山としてです。纒向遺跡と三輪山の間を流れているのが纒向川（写3）という川で、これは『万葉集』などにも出て

写1　三輪山（箸墓古墳付近から望む）

写2　大神神社二の鳥居

写3　纒向川（ホケノ山古墳付近）

くる川です。纒向遺跡はこの川の北側に位置し、口絵図1ではオレンジ色のアミで示している範囲に展開しています。

この遺跡は沢山の特質を持つ遺跡だと考えられています。口絵図1の分布図の中には赤色で纒向遺跡よりも前の時代の遺跡である弥生時代後期の遺跡を示していますが、これらの中には、坪井《つぼい》・大福《だいふく》遺跡などの環濠をめぐらす大きな環濠集落の他に三輪遺跡や安倍寺《あべでら》遺跡などの小規模な集落があり、桜井市域における弥生時代の遺跡分布を示しています。

実は弥生時代のこれらの遺跡があった頃の纒向遺跡の場所というのは、何もない過疎地であったということが今までの調査でわかっていまして、奈良盆地ですと唐古《からこ》・鍵《かぎ》遺跡や坪井・大福遺跡のような拠点集落が発展的に大きくなって、纒向遺跡になったと思われている方が意外に多いのですが、実はそうではなくて纒向という場所は、弥生時代には殆ど人の住んでいない場所であったということがわかっています。

纒向遺跡の出現

これまでの調査成果からは、纒向遺跡周辺では縄文時代の後期から晩期にかけてのどこかで、非常に大規模な土石流災害があったのではないかと考えています。、口絵図1の地図の右手の方には山の辺の道という有名な古道が南北に通っていますが、そこには山の辺断層という非常に大きな断層があります。これが暴れますと、阪神・淡路大震災クラスの地震が起こると言われている、今でも生きた断層です。私は恐らく縄文時代の後期か晩期のどこかでこの断層が一回暴れているのだろうと思うのですが、纒向遺跡内からは大規模な土石流堆積物が確認されています。縄文後・晩期に大規模な土石流があったところですので、弥生人が入ってきて弥生時代前期に集落を営もうとしたときには、周辺は恐らく居住に適さない場所であったのだろうと思っています。このような状況から纒向遺跡というのは、弥生時代を通じて、ほとんど遺構や遺物がない場所なのですが、弥生時代が終わりを告げ、銅鐸《どうたく》が埋納される頃になって、纒向遺跡が、突然出現します。

本章図1では、グレイの線で二つの範囲を囲っています。小さ目の範囲と大き目の範囲がありますが、纒向遺跡には前期・後期の二つの時期があると考えていまして、出現した頃の纒向遺跡は、この小さい方の範囲の規模で遺跡にあたります。大体直径が一㎞ぐらいの大きさです。

纒向遺跡の変遷

さて、纒向遺跡の直径が一㎞くらいの規模であったところの時期なのですが、図1では庄内《しょうない》式期の範囲という表示をしています。庄内式土器は大体二世紀の末から三世紀初頭ぐらいに使われ始めた土器だと考えられていまして、三世紀の中頃すぎぐらいまで使用されたものです。まさにこの庄内式土器が出現する頃に纒向遺跡が出現し、この範囲のまま庄内式期の終わる三世紀の中頃過ぎまで前半期の纒向遺跡が存続します。この直径一㎞という大きさですが、少なくとも旧石器・縄文・弥

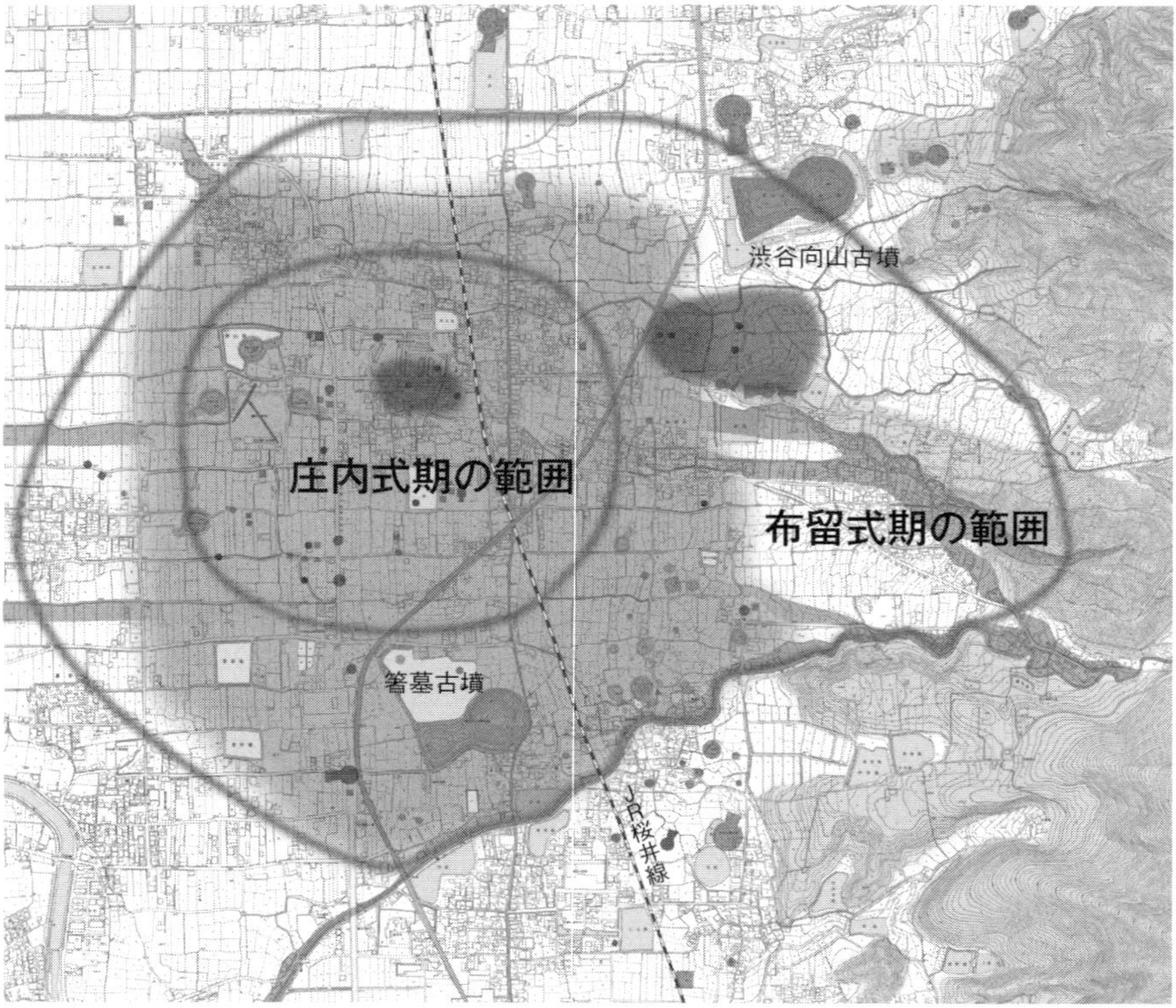

図1　纒向遺跡の範囲

生時代を通じて、あるいは古墳時代を通じても、これを凌ぐものはあまり無く、国内でも指折りの大きさを持つ遺跡ということになるかと思います。こういった状況から、纒向遺跡という当時国内屈指の遺跡が、弥生時代の集落を囲む環濠が埋められたり、銅鐸が埋められたりするのと入れ替わりに、ある日突然というような状況で現れるというのが、一つの大きな特徴と言われています。

そして、三世紀の中頃を過ぎますと、布留《ふる》式期の範囲として大きく囲った遺跡の範囲に纒向遺跡がさらに拡大します。私は後期纒向遺跡と呼んでいますが、布留式土器というのは天理市の布留というところ。布留は現在の天理教の本殿周辺から東の石上神宮《いそのかみ》あたりを指す古い地名で、布留式土器という名称はここから土器がはじめて発見されたために名付けられたのですが、三世紀の中頃過ぎから四世紀を通じて使用される土器の名称です。布留式土器の一番初めのものは布留0式と呼ばれる様式の土器ですが、この布留式土器が出現する三世紀中頃過ぎになりますと、纒向遺跡は遺跡の範囲がさらに大きくなることが分かっています。東西が二km、南北が一・五kmという広大な大きさになりまして、前期の纒向遺跡ですら国内屈指の規模なのですが、さらに大きな規模を持ったものに変貌を遂げます。

布留0式期の画期

この遺跡が拡大するときの出来事としては、後で詳しく話しますが、纒向遺跡で一番有名な古墳である箸墓《はしはか》古墳、図1では真ん中の下の方にある古墳（写4・5）ですが、これが築かれます。そして、これも後で詳しく説明しますが、先ごろニュースで大きく取り上げられた庄内式期の居館と推定されている建物群がありますが、これが東の段丘上へと移転するようです。庄内式期の居館推定地は前期纒向遺跡の範囲の中、図1の真ん中にJR桜井線の線路があり、線路のすぐ西側の黒くアミをかけた部分に位置しますが、布留式期に入って遺跡が大きくなると、大きく囲みました後期纒向遺跡の中の東の山

写4　箸墓古墳（大神神社の摂社檜原神社付近から望む）

写5　箸墓古墳（航空写真・上が北）

手の地域、こちらにも一か所黒くアミをかけていますが、こちらに移転をするのではないかと想定をしています。

これらの事象から、箸墓古墳が築造される頃というのは、纒向遺跡にとって非常に大きな画期であったと見ています。

そして、纒向遺跡のもう一つの特徴ですが、箸墓が築造された後、布留1式期と呼ばれる四世紀の初めくらいになると、それまで国内最大級の大きさを持っていた纒向遺跡が、ある日突然と言ってもいいような状況で、遺構がなくなってしまうという事がわかっています。人口が大幅に減るということだと思うのですが、纒向遺跡は出現だけでなく、解体も非常に急に進んだ。そういう特徴も指摘されています。

古墳時代の始まり

さて、纒向遺跡の特質のなかで何よりも皆さんが一番良くご存じなのが、前方後円墳の存在でしょう。写5は箸墓古墳の航空写真ですが、この古墳は考古学者の中では、誰もが認める国内最古の前方後円墳と呼ばれるものです。古墳の出現に関しては、論争があるのですが、この箸墓古墳の築造をスタートとして、日本の古墳の築造のはじまり、箸墓からを「古墳」と呼ぼうとお考えの先生方と、この箸墓古墳よりも先に作られた纒向石塚《まきむくいしづか》古墳（写9）ですとか、勝山《かつやま》古墳（写8）、東の田と書きまして、地元ではヒガイダと呼んでいます東田大塚《ひがいだおおつか》古墳（写11）、矢塚《やつか》古墳（写10）そして、ホケノ山古墳（写6）ですね、ホケノ山古墳は何年か前に埋葬施設の調査が行われましたので、有名になりましたが、こういった箸墓古墳よりも古い前方後円墳形の墓が纒向遺跡の中にはありますが、これらをもって古墳のスタートと考えましょうと

〔付〕纒向遺跡

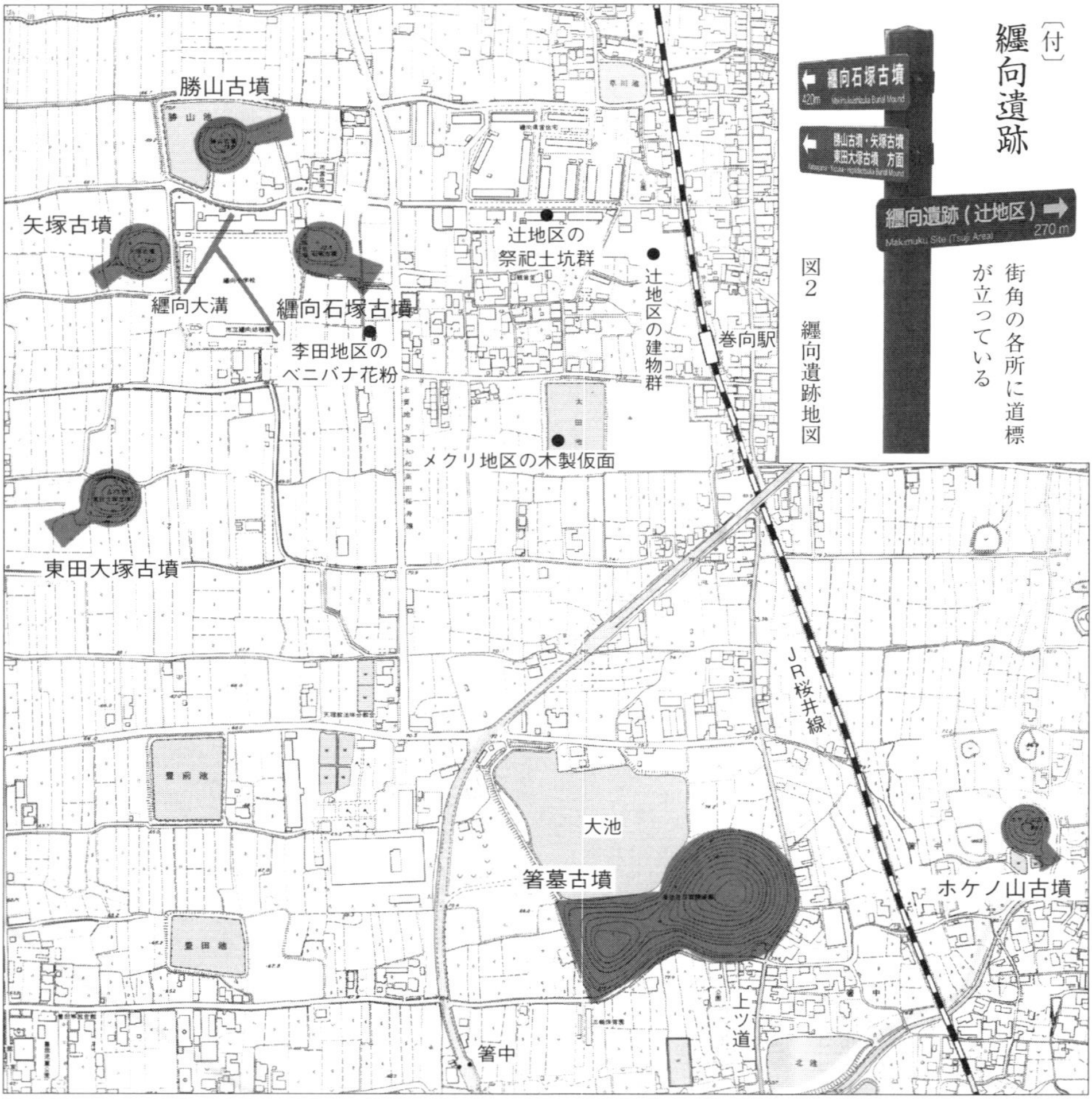

図2　纒向遺跡地図

街角の各所に道標が立っている

写7　箸墓古墳（ホケノ山古墳上から）

写6　ホケノ山古墳

いう先生方と、大きく二通りの考え方があります。

どちらに転びましても、纒向遺跡の中で前方後円墳というものが完成されるということですので、纒向遺跡が、日本の古墳時代のはじまりを考える中で、大きなカギを握る遺跡であるということは間違いないでしょう。邪馬台国論争とは別の視点ということになりますが、日本の歴史にとっても重要なことです。

写8　勝山古墳

写9　纒向石塚古墳

写10　矢塚古墳

写11　東田大塚古墳

二　出土品から見えてくるもの

鋤と鍬

さて、この纒向遺跡の人々ですが、前方後円墳を初めて造り上げたということ以外にも、さまざまな情報が、調査からわかってきています。まず、はじめにお話しするのは橿原考古学研究所におられました、寺澤薫先生（現桜井市纒向学研究センター所長）が随分昔に研究で明らかにされたものですが、調査で出土する鋤《すき》と鍬《くわ》という、木製の道具の分析結果から纒向遺跡にいた人たちは農業をほとんどしない人たちだったのではないかということをおっしゃられています。写真12の左は古墳時代の鋤の写真ですが、写真のやや右側にある鋤を見ていただきますと、グリップがあって、柄があって、先に半円型の刃部があるのがわかります。現代では鋤と言いますと、お百姓さんが田んぼの畔の縁を掘ったりするような農具を指しますが、考古学の人間が呼んでいる鋤というのは、現在のショベルの役割をはたす道具だと思っていただいてよろしいかと思います。ショベルは土木工事や発掘の時などに使いますが、土を掘り返すときに使う道具ですね。そして、写12の右側の写真は畑を耕したりするときに使う鍬です。写真では右側が刃先になり、下へと伸びている棒の部分が柄です。こういった鋤と鍬の出土した数量の分析から、農業をあまり行わない人たちがいたのじゃないかということを指摘されておられます。

当然ながら、弥生時代以来、日本の国の生産の中心は、米づくりということになりますので、生活のための道具、生活基盤を支える道具というのは、ほとんどが農具になってきます。

図３にはちょっと見にくいかも知れませんが、弥生時代の初めから古墳時代後期までの各地の遺跡における鋤と鍬の出土比率を示していま す。通常の遺跡では大体、農業をするための道具である鍬というのが七割から八割出てくる。一方、土木工事に使うような、水路を掘ったり、住居を建てるところを整地したり、そういったことに使われる鋤というのが大体二割から三割というのが通常の形であることがうかがえるかと思います。

これに対して纒向遺跡は全く違う傾向で土木用の鋤が九五％、そして農耕用の鍬が五％しか出ないという、全国的に見ても、極めて特殊な傾向を示しています。恐らくこういった比率が出るのは纒向だけだろうと思うのですが、鋤・鍬の比率だけではなくて、例えば、水を張った田んぼに入っていくときに、足が沈みこまないように履く田下駄や大足、それから田んぼに水を入れ、水田面を均すときに、使用するようなエブリという道具、あるいは作物を収穫するときの鎌などの収穫のための道具、そういった農業を行うための道具類は纒向遺跡からは全くというぐらい出土していません。

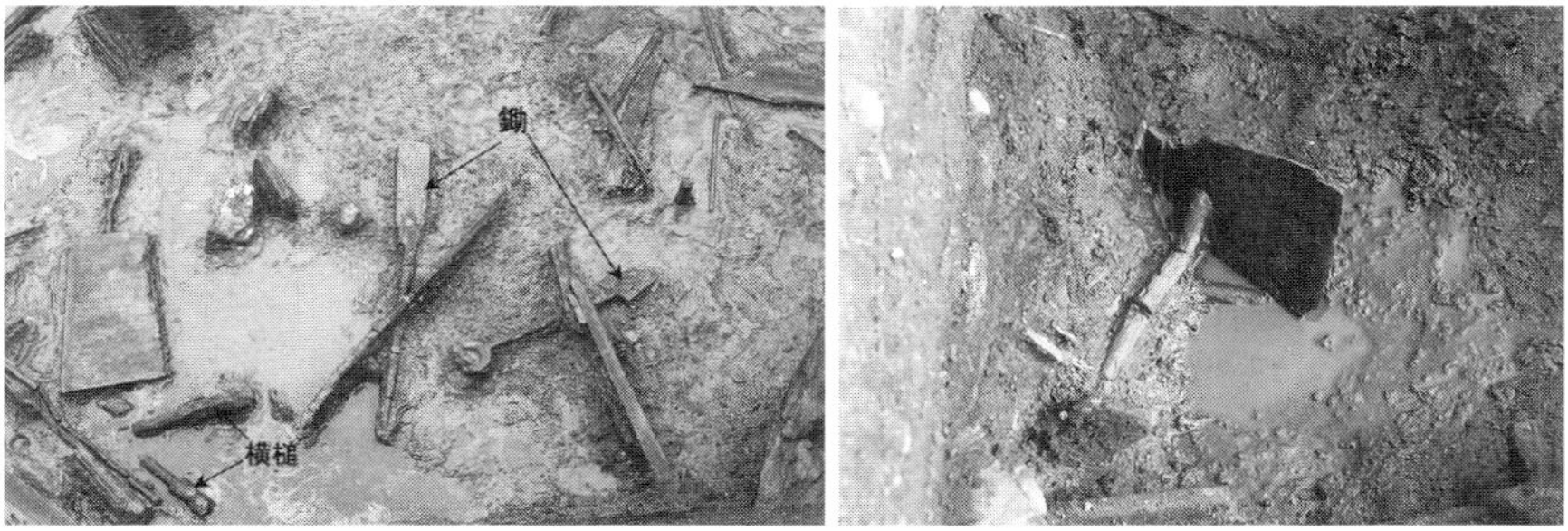

写12　纒向遺跡出土の鋤（左）と鍬（右）

農業をしない人たち

こういった点からも、纒向遺跡はほとんど農業をしない人たちで構成されているのではないかと言われています。もっと言えば、遺跡では発掘をしますと、条件が整えば田んぼの跡とか畑の跡とかを見つけることが可能なんですが、今のところはそういうものも全く見つかっていません。ある先生にそんな話をしましたら、「橋本くん、それは君の発掘が下手やから見つからへんのや」って言われたんですが（笑）、私は桜井市で纒向遺跡の調査を担当する前は、六年間田んぼばっかり調査するような発掘現場で調査の補助員をしていました。同世代の調査員の中では田んぼを掘るのは、割と上手な方だという自負があるのですが、多分、六年間田んぼばっかり掘っていた私が掘っても出てこないという状況は、恐らく田んぼというのは纒向遺跡内においては非常に稀な存在、あるいは無いと言ってもいいような状況だったのかもしれません。

遺跡名（時代）		鋤	鍬
大和・唐古・鍵遺跡	（弥生・前）	30%	70%
和泉・池上遺跡	（弥生・前）	40	60
伊勢・納所遺跡	（弥生・前）	27	73
近江・大中の湖南遺跡	（弥生・中）	12	88
和泉・池上遺跡	（弥生・中）	35	65
大和・唐古・鍵遺跡	（弥生・後）	50	50
静岡・登呂遺跡	（弥生・後）	25	75
福岡・辻田遺跡	（弥生・後〜古墳・前）	5	95
播磨・長越遺跡	（古墳・前）	30（60）	70（40）
大和・纒向遺跡	（古墳・前）	95	5
福岡・湯納遺跡	（古墳・前）	33（38）	67（62）
近江・滋賀里遺跡	（古墳・前〜後）	50	50
千葉・菅生遺跡	（古墳・後）	27（39）	73（61）

図３　各地の遺跡における鋤・鍬の比率（寺沢1984より）
※（　）内はナスビ状農具を「鋤」とみなした場合の比率

インフラ整備

それでは、たくさん出土する土木用具を使って纒向遺跡の人たちは、農業以外に何をしていたのかということが問題になってきます。恐らくは先ほど見ていただいたような、大型の前方後円墳の築造、纒向の古墳というのは後に山の辺の道沿いに築かれる前期古墳とは違いまして、ほとんどが低地に築かれた古墳です。箸墓より古い時期の古墳は後円部の高さが八mから九m、直径が六四mほどの規模を持ち、箸墓古墳は全長二八〇m、後円部の高さが三〇m、直径が約一六〇mほどありますが、いずれの墳丘もほとんどが盛り土で作られていて、かなりの土砂が動かされたものと思われます。恐らくはこういった古墳の造営のような土木工事や、あるいは写13の纒向大溝と呼ばれる幅が六m、深さが二mもあるような人工的な水路の掘削、この遺構は用排水のためとか、舟を通して物資を運ぶために掘削されたものと考えられていますが、そういった纒向遺跡の都市計画に伴うような溝の掘削。そして、先に纒向遺跡はそれまで弥生時代の人々がほとんど住んでいなかった過疎の地に、非常に規模の大きな集落が突然出現すると申し上げましたが、多くの移入者が入ってくることに伴うインフラ整備ですね、居住域の造成であったり、建物の建築、用排水のための溝の掘削など、多くの鋤を使って「マチ」を造るための土木作業に力が注がれていたことを表すものだろうと考えられます。

写13　纒向大溝（南溝）

纒向に集う人たち

　次に、纒向に住んでいた人たちですが、非常に広い地域から人々が集まって住んでいたということもわかっています。これは纒向遺跡から出土する土器の検討からわかることで、写14は、遺跡内から出土した各地の土器です。手前中央の三つは大和の土器で、左側の手前にある土器は、山陰系の、奥の左二つは岡山を中心とします吉備系の土器、一番奥の左は四国の阿波、徳島県の土器です。他にも四国では阿波の土器以外にも伊予や讃岐の土器というのも出ています。そして真ん中の茶色っぽいのは河内、そして近江、一番右奥は石川・富山あたりの北陸系の土器です。新潟あたりの土器は今のところ見つかっていません。それと右手前のものは東海地域の土器で、非常に広い範囲から持ち込まれた土器が纒向から出てきます。土器を十個発掘したら、多いところでは三個、少ないところでは一・五個が奈良県、大和のもので

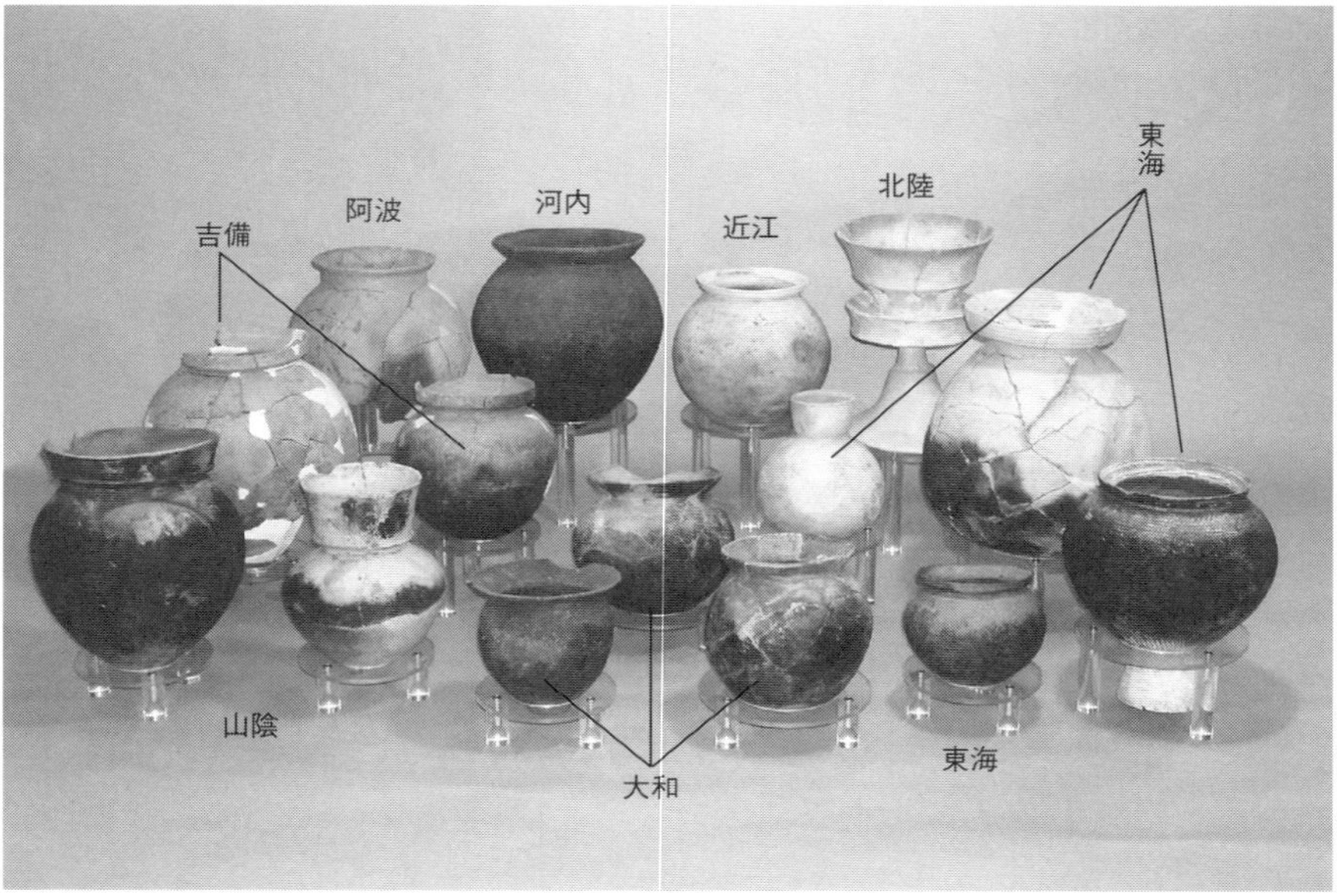

写14　纒向遺跡へ搬入された土器

はないものが出てきます。最近の調査でいちばん遠いのはどの地域のものが見つかっているのかと言いますと、九州の大分県に国東半島《くにさき》という半島がありますが、このあたりの地域の土器が一点だけ見つかっています。北部九州系の土器は幾らか出ていますが、量は非常に少なく数点程度しか見つかっていません。圧倒的に多いのは、写14に示した山陰から北陸・東海までの地域のもので、普段の調査でも当たり前に出てきます。そして東の地域で遠いのは東京湾沿岸の神奈川県ですとか東京都、あるいは千葉県あたりの南関東系と言われる土器なども見ることができます。量はそんなに多くありませんが、私の感覚では九州のものよりは幾らか多く出土しています。さて、写14の写真の土器は黒っぽく煤《すす》がついているものが多いと思いますが、これらの土器の多くは煮炊き用の土器で、今流に言えば炊飯器、そして食物を煮炊きする鍋の役割を果たしたものです。同じ用途でも少しずつ形が違っていて地域の特徴を示しているのですが、当時の人がこれで食べ物を炊いて食べたと考えたとき、単純に言っていいのか少し不安はありますが、自分たちの故郷の土器で食べ物を炊いて食べているとすれば、大体十人のうち一・五から三人は大和の人ではない人が纒向にいたということになるかと思います。

纒向は人・物の流通センター

今現在の桜井という街は人口六一、〇〇〇人の都市ですが、残念ながら、桜井駅前ですとか、あるいは桜井市役所の周辺を歩いている人にどこから来ましたかと聞いたら、三〇％も奈良県以外の人がいるという状況にはないと思います。外からの人が多い所を現在で考えると、例えば近鉄奈良駅周辺のような観光地や、あるいは大阪であるとか東京・名古屋のような都会、そういったところでないと、外からの人の流入はあまり考えられませんので、こういった搬入された土器の様子は纒向遺跡の性格を考える手がかりになるだろうと言われております。

外からの人が多い場所の例として観光地を挙げましたが、当時纒向にやって来た人たちは三泊四日の観光ツアーで来たのかというと、実はそうではなさそうです。纒向から出土する土器の多くは、例えば東海の土器は東海の土、山陰の土器は山陰の土というようにそれぞれの故地の土で作られたものですが、中には大和の土で作った東海や山陰の土器というようなものも見られます。これは何を意味するかと言いますと、纒向に来た人たちの中には、一定期間纒向に定住し、使っていた土器が壊れたら、大和で土を入手して新しい土器を作っているということがわかります。

このことから、滞在期間ははっきりとわかりませんが、外からの人たちが一定期間にわたって大和に住んでいたということも、言えるのではないかと考えられています。こういった人や物の移動の様子からは纒向遺跡は人が多く集まる場所であるとともに、物資の流通拠点としての役割も果たしていたのではないかと思われます。先ほどは都会という用語を使いましたが、都会という言葉の側面にはこういう人・物の移動を介して物資の流通センターとしての機能もあったものと考えられています。

先ほど紹介しました箸墓古墳の宮内庁による陵墓指定名称は、ヤマトトトヒモモソヒメ（倭迹迹日百襲姫）という舌を嚙みそうな名前がついていますが、これの下にオオイチバカ（大市墓）という地名がつけられています。漢字では大きな市と書きます。纒向からは出土した古代の土器の中からは、「大市」と書かれた墨書土器の破片も見つかっており、三世紀まで遡るか否かは何とも言えませんが、オオイチという市場としての機能をもったエリアが古代以前に纒向の中にはあった可能性が考えられています。

写15　纒向遺跡出土の韓式系土器（上）と鏃（下）

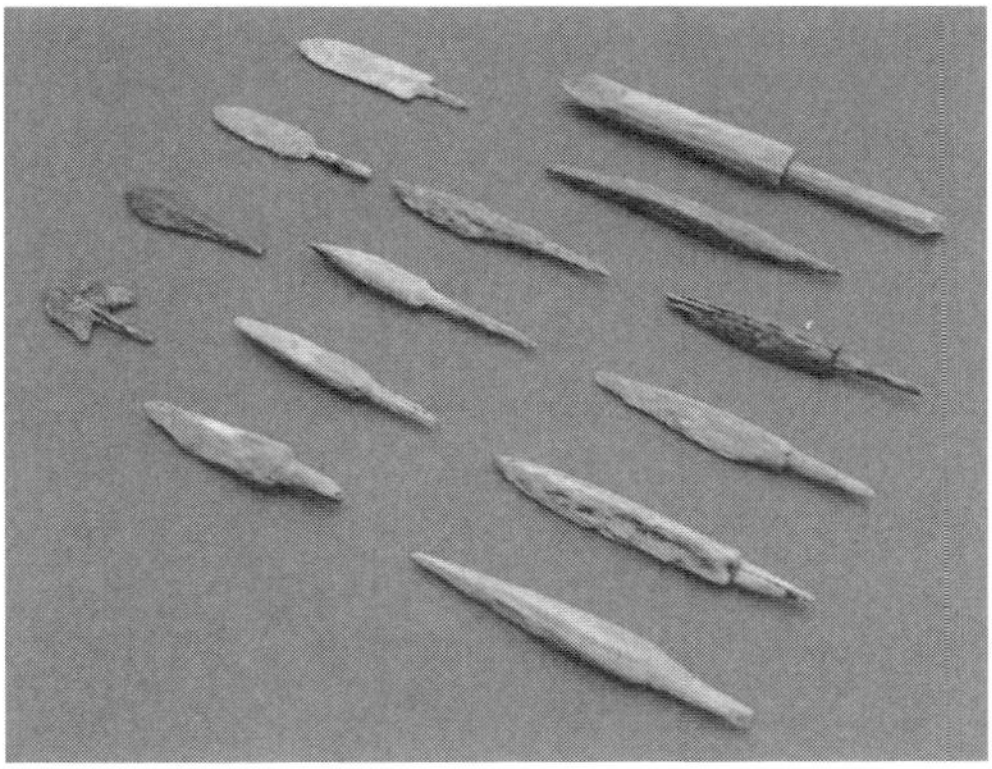

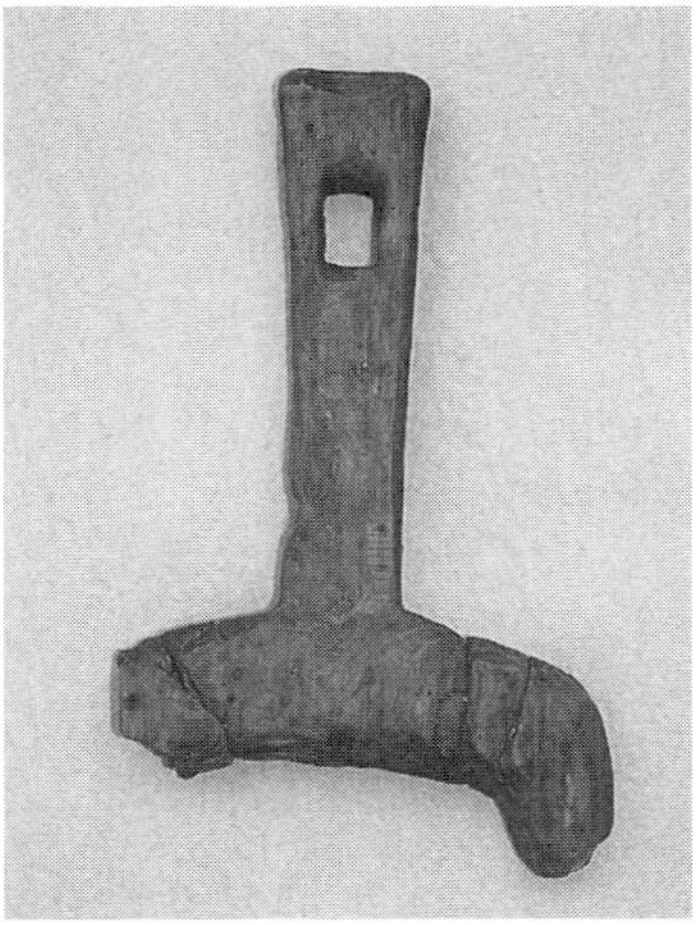

写16　箸墓古墳の濠から出土した木製輪鐙

ここまで紹介してきました纒向遺跡の持つ特質、物資の流通拠点としての性格や、列島内各地から人々が集う様子、前方後円墳の出現、農業を行わない人々の存在など、これらのキーワードを総合すると、纒向遺跡はわが国における三世紀の政治的な拠点と位置づけることができるでしょう。今の東京が文化の発信基地・物流のセンター、そして政治の中心となっていることとも、一致するもので、広い領域にわたるクニの中心としての性格が纒向には想定されるということです。

朝鮮半島との交流

そして、最近では海外から持ち込まれた遺物というのも相次いで見つかっています。写15の三つの土器片のうち、右側の一つは現在の朝鮮半島南部、韓国のエリアから持ち込まれたと考えられている瓦質土器です。そして左側の土器片二つは、生産地がはっきりとしませんが、現在の北朝鮮の平壌周辺に、当時あった楽浪《らくろう》という地域からのものではないかと言われています。楽浪というのは中国の朝鮮半島へ向けての足がかり、出先機関といいますか、植民地というか、そういう地域でしたので、ある意味中国系の土器と言ってもいいのかもしれません。表面が非常に黒っぽく発色していますが、分析をすると表面に酸化アルミニウムの成分が塗られているということがわかりました。少なくとも日本国内にそういった土器は全くありません。当時の東アジアの中で酸化アルミニウムを土器の表面に塗布する技術が、どこあたりにあるのかということを調べましたら、どうも中国の方にはあるそうです。まだそれほどたくさんの分析データが中国からは出ていないと思いますが、楽浪という地域が介在して纒向遺跡に中国系の文物が入ってきていると考えて良いと思います。

写16は箸墓古墳の濠の上層から見つかりました木製輪鐙《わあぶみ》です。輪鐙は下半部が欠けておりますけれども、一木づくりでもともとは下が輪になっており、電車のつり革のような形をしています。これは馬に乗るときに、足をかける道具で、馬というのは日本には在来ではいなかったとされる動物ですが、例えば信長とか秀吉・家康の時代には貰ったのか、見せられただけかは知りませんが、南蛮人が虎とか象などの、珍しい動物を連れて来た記録があるように、纒向遺跡にも中国・朝鮮半島を経由して珍しい動物としての馬がもたらされていたということが鐙の存在から想定されます。この鐙は四世紀初めぐらいのもので、後期纒向遺跡に相当する時期のものです。

ベニバナ染めの存在

さらに最近の調査では国内最古の出土例となりましたベニバナの存在が明らかになってきています。ベニバナは、現在ですと女性の方は、口紅や頬紅などの化粧道具として馴染みがあると思います。他には家で天ぷら油だったり、漢方薬だったり、我々には非常に身近な植物ですが、元々はアジアには自生しない植物で、原産はアフリカ大陸だと言われています。

写17のベニバナ花粉は三世紀中頃の溝から見つかったものですので、大陸から非常に早い段階に、大和に伝わっていたということがわかる資料です。今のところ、花粉の分析からは、染め物を行ったときの廃液が溝に流されたものではないかということが想定されています。これまで国内最古のベニバナは、奈良県の斑鳩《いかるが》町にあります藤ノ木古墳で見つかっているベニバナが最古のもので、六世紀の後半から末ぐらいのものだと思いますが、それよりも三百数十年さかのぼる資料ということで注目されています。

また、このベニバナ染めという染物は非常に高度なテクニックが必要なもので、われわれが趣味でするような、草木染めなどのレベルで染められるような染め物ではありません。恐らくはそういった染め物

写17 纒向遺跡から出土したベニハナの花粉（左）と現代のベニハナ（右）

をするための先進的なテクニック、技術を持った人たちも大陸から纒向に入ってきていたのでしょう。

北部九州との技術交流

さて、次は鉄です。鍛冶《かじ》、鉄製品を加工するときに、鍛冶屋さんが鍛冶をした後というのも見つかっています。写18は、三世紀後半段階のもので、まだ前半段階の鍛冶資料は見つかっていません。

写18の奥の大きいものは砥石《といし》やその原石です。前の右側のものは壊れてしまっていますが、送風管で鍛冶炉に空気を送りこむときの、送風管の先端にあたる羽《は》口《ぐち》というものです。写18の真ん中にあるのは、鍛冶炉の底にたまる、原材料の鉄に含まれる不純物や炉の壁などが溶けたカス、鉄滓《てつさい》と呼ばれるものです。注目されるのは、最近の調査で出土した羽口の中に北部九州系の羽口が含まれており、纒向遺跡に北部九州系の鍛冶、鉄の加工のテクニックが入ってきているということがわかってきています。北部九州と纒向と言えば

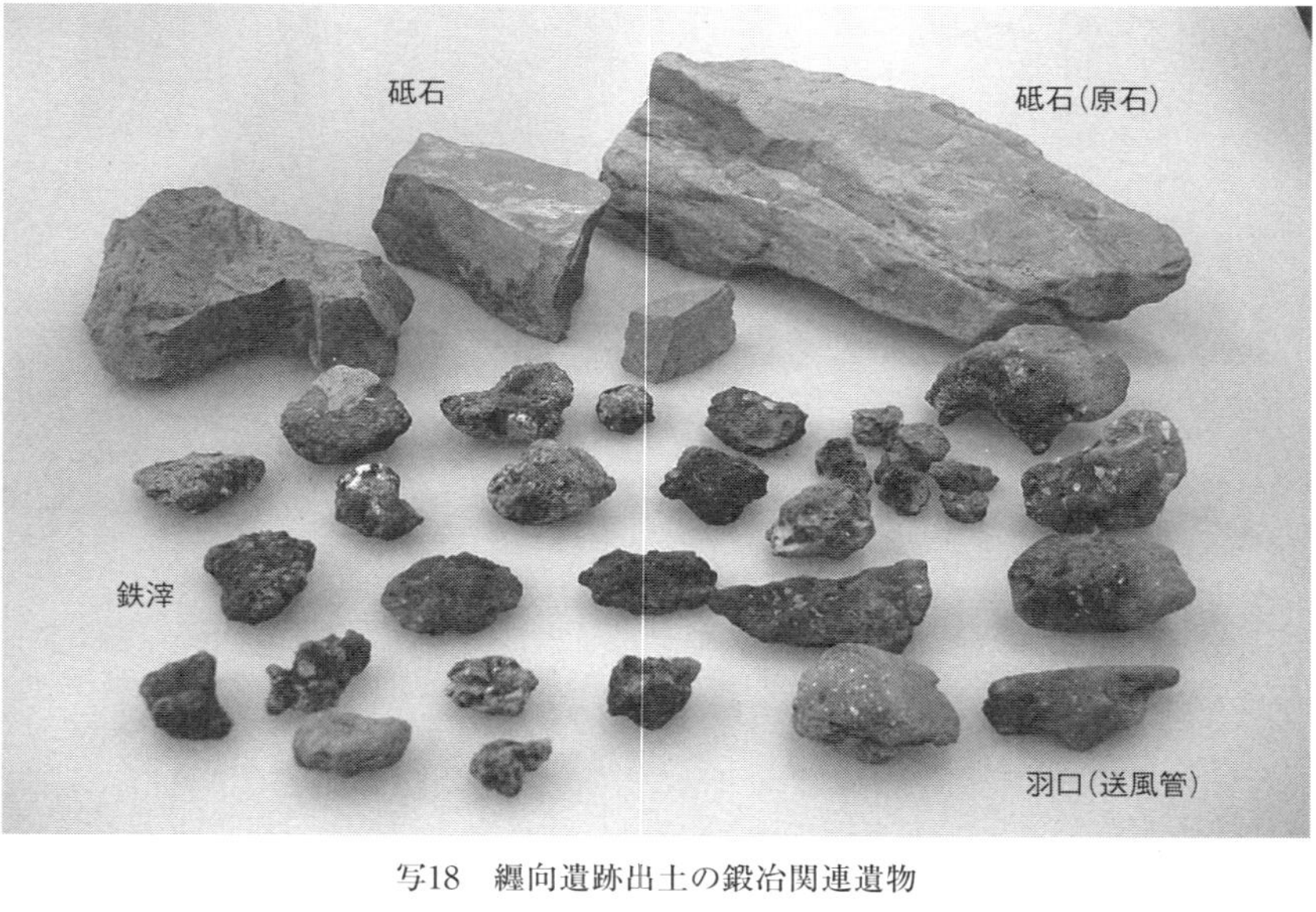

写18　纒向遺跡出土の鍛冶関連遺物

仲が悪いように思われがちですが、争っているのは邪馬台国を取り合いしている現代のわれわれだけで（笑）、当時は比較的親密な関係があったのではないかと考えています。最先端の技術と言うのは、江戸時代でもそうですが、藩の単位で焼き物であるとか、染め物であるとか、非常に高度な技術を要するもの、あるいは地元の特産になるようなものを作る技術は藩から外へは一切出さない。工人・技術者を囲いこんで、トップシークレットにするというのが通常の形です。特に鉄製品を加工する技術というのは相手をやっつけるための武器を作る技術にも通じ、敵対する相手に渡すと非常に危険なものとなります。纒向の時代にもそういった意識はあると思いますが、三世紀後半段階にすでに北部九州の人たちが、自分たちの鍛冶の技術を惜しげもなく大和に提供しているということは、当時の政治的な動向を考える上で非常に面白い資料になるのではないかと思います。小さな羽口の破片ですが、とても大切な資料です。

写19　纒向遺跡出土の加工木と絹製品

絹製品の発掘

写19は三世紀後半頃の木製品の製作工房から投棄されたとみられる加工木が多量に出土した溝ですが、右下に写っているのは絹製品です。近畿の土壌は酸性が強くこういう有機質のものはなかなか残りにくいのですが、天理市の下池山古墳のように古墳の埋葬施設の調査においては、たまに鏡に付着して絹の存在が確認されることもあります。

さて、纒向遺跡の絹製品は手のひらに乗るくらいの大きさのもので、ちょうど女性の方がもたれる匂い袋と同じような大きさ・形をしていると思っていただいていいかと思います。絹布の中に物を包んできゅっと上で巾着状に縛っています。紐は縒《よ》りの浅い麻で作られているものです。私の先代の纒向遺跡調査担当者である萩原儀征さんの調査で発見されたもので、周囲の人は冗談で、中には四角い金製品が入っているんじゃないかって言っていたらしいのですが（笑）、残念ながらレントゲンを当てますと、金ではなくて丸い有機質の何かが包まれているということがわかりました。例えばベニバナのような花を摘んで丸めたものを入れているとか、あるいは邪を払う意味で桃の種か実を入れているとかですね、いろんなことをおっしゃられる方がおられますが、現時点では残念ながら切らないと中を見ることができませんので、いつかは内容物についても分析したいと思っているところです。

木製の仮面

次に、写20の木製のお面は少し前に見つかったもので、当時のマツリの状況を復原する上では非常に重

写20 纒向遺跡出土の木製仮面

要な資料になると思います。三世紀初め頃のマツリの道具が捨てられた穴の中から、手に持って身を守る木製の楯《たて》や、鉄製の刃物を装着する鎌の柄の部分などが一緒に出てきています。国内では最古の事例となる木製仮面で、多分マツリを行う時にこういう道具とセットで使ったのでしょう。興味深いのは、お面の頭のてっぺんが平らになっていることで、これ、実は先ほど見ていただいた畑を耕すときに使う鍬の刃先がこの頭のてっぺんの部分になっています。そして口として開けられている穴がありますが、これは、鍬の柄を通す穴をそのまま利用したもので、目の部分だけが後から開けられています。そして見にくいのですが、目の上には線刻で眉毛の表現がされています。農耕用の鍬を転用してマツリに使っていますので、単純に考えれば農耕にかかわるマツリに使われた道具ではないかと思っています。少し怖い顔をしていますが、桜井市内ではこれをクッキーにして喫茶店で出したり、竹で作ってストラップにしたり、キャラクターとして結構盛り上がっていますが、うちのセンターでは、まだ商品化していません。

このお面の顔ですが、恐らくは穀霊か何かの神様の顔を表すのだろうと思っています。昔の神様というのは、現在われわれがイメージする神様のように願い事を聞いてくれるやさしい神様というよりは、言うこと聞かなかったら祟《たた》るぞというような祟り神的、あるいは、人間がいけないことをしたら罰を与えるというような怖い存在だったと思いますので、纒向のお面も怖い顔をしているのだろうと思っています。

三　纒向遺跡の首長居館

居館推定地の調査

ここまで紹介したようにいろんな特徴があり、国内でもここにしかないような遺物がたくさん出土している纒向遺跡ですが、調査面積がわずか二%という状況ともあいまって肝心の集落構造に関する情報は非常に少ないのが実状です。わかり易く言うと、どこにどういった機能の施設があるのか、居住域は？　工房域は？　墓域は？　中心人物のいた居館域は？　などといった具体的な様子はわからないことだらけでなのです。こういう状況をふまえ、平成二十一年から開発に伴う調査だけではなく遺跡の実態解明と保存を目的とした学術調査に着手した次第です。はじめに調査の対象としたのが以前から纒向遺跡の調査関係者の中で居館域ではないかと目されていた辻地区の微高地上で、調査の目的は中枢建物などの遺構を確認し、そこを史跡として保存をしていこうということです。将来、開発が進行し、気がついたら家がいっぱい建っているというようなことにならないようにということで、調査に手をつけたわけです。

冒頭でも紹介しましたように纒向遺跡には二か所の、居館推定地があります。図4では、真ん中の方を居館推定地の1、そして東側を居館推定地の2としているのですが、実は調査を開始するにあたり、どちらから掘るかというのが問題だったのですが、この居館推定地2という場所は大和青垣国定公園という国定公園にかかっていたり、農業振興地域という規制地域に入っていたり、なかなか開発の進みにくい環境にあります。その一方でこの居館推定地1という場所は、農業振興地域という規制がかかっていて、大きな開発はできないはずなのですが、ここ数年の間に規制が緩和され、農業振興地域の中でも住宅開発が可能な地域になってしまったのです。

で、とにかくこれはいけないと。もし本当に居館が埋もれているのなら早く調査に着手して保存の手を打たなければいけないということになりまして、居館推定地1の方から調査に着手したというようなことです。平たく言えば開発に脅かされる危険性のあるところから先に調査に手を付けたということになるのですが、奇しくもこちらの場所というのが、冒頭でも申しました、二世紀末あるいは三世紀の初頭から三世紀の中頃過ぎにかけての前期纒向遺跡の中枢部分になりそうだということ

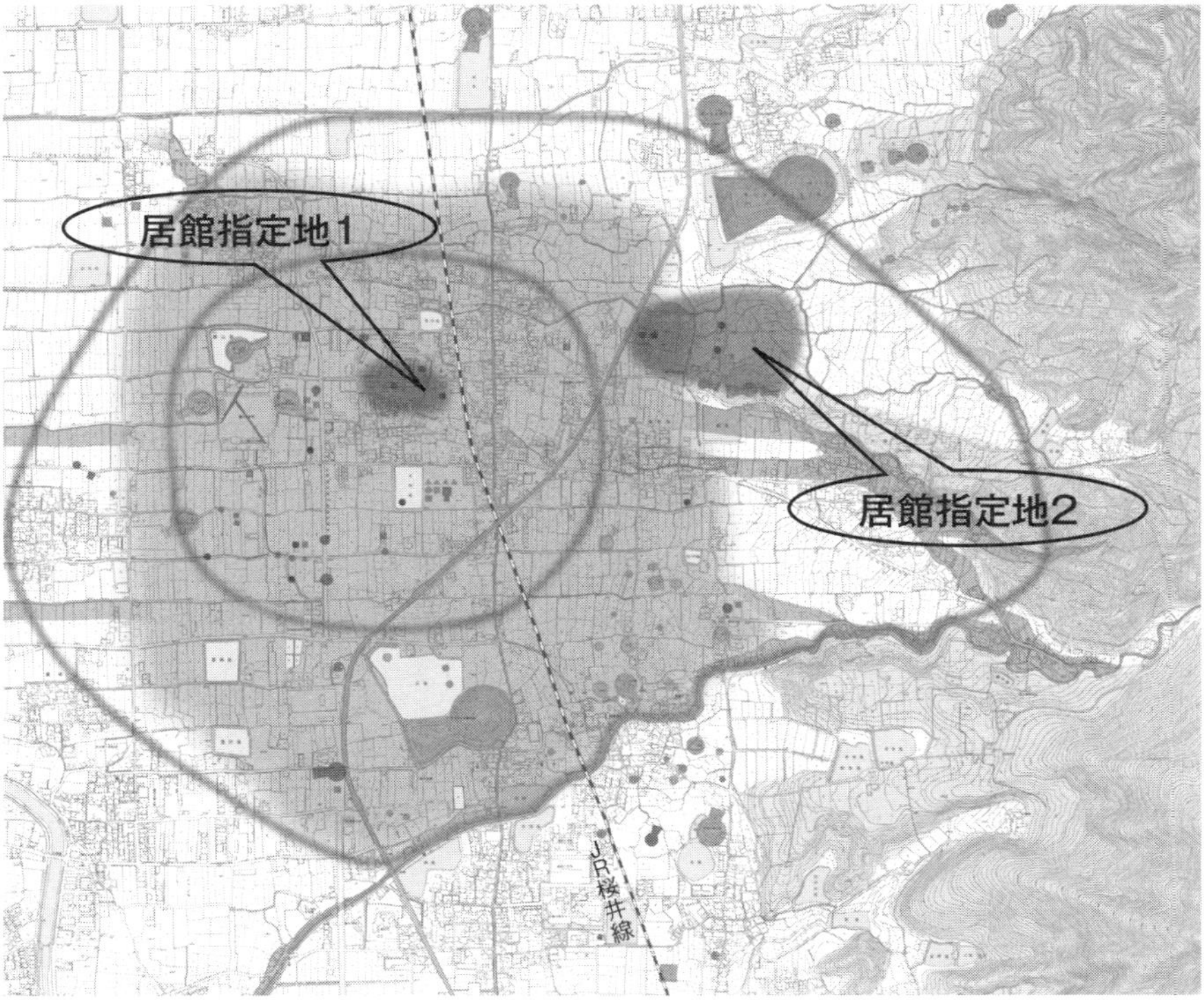

図4　二つの居館推定地

で、たまたまですが、卑弥呼が活躍した時代と一致する時期の居館推定地から手を付けるということになったわけです。

居館の位置

居館推定地1は大字辻地区の太田北微高地と呼ばれる微高地上にあり、位置的には、箸墓古墳から真北の方向に位置しています。これから紹介する建物群は箸墓古墳とは共存する建物ではありませんが、現地に立ちますと箸墓古墳がきれいに見え、「建物群と箸墓古墳が南北一直線に並びますね」と、感動される人もおられますが、年代的には居館が建っているときには、箸墓はまだ造られていないというのが本当のところです。

写21は真上から見た辻地区の航空写真です。右側のアミを掛けた場所に居館があるのではと考えましたのは、ここが周辺より一段高い土地であったことや、南側と北側に旧河

写21　居館推定地１の航空写真（上が北）

道が流れ、他の微高地から隔絶された土地であること、周辺の地形からはやや東西に長い四角い土地区画が想定できたことなどから、ひょっとすると居館域をあらわす古い土地区画が見えているのではないかと考えました。推定される居館の範囲は大体南北が一〇〇m、東西が一五〇mの規模を推定しています。

居館域推定の手がかり

過去の調査や地形の推定から居館推定地の南北両側には旧河道が流れていたことがわかっておりますが、館が建っていたときは両方の川が流れていたのか否かはよくわかりません。北側の川は、当時も流れていたというのは発掘調査の結果からもほぼ明らかですが、南側の川はよくわからないというのが本当のところです。発掘調査の結果からはかつてここに川が流れていたということはわかっているのですが、最後に埋没するのは平安時代のことですので、三世紀までこの流れが遡るかどうかは、よくわかりません。

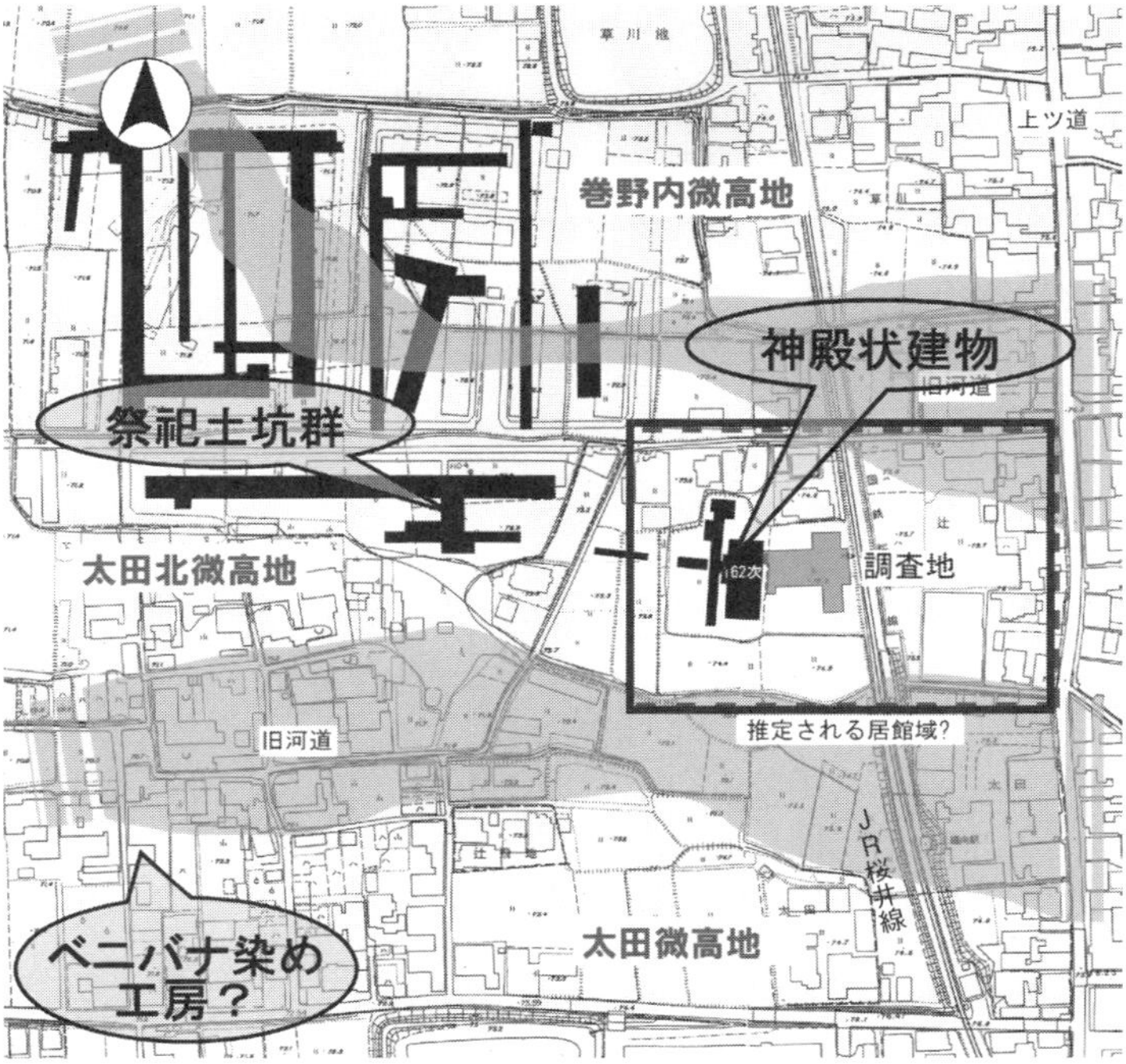

図５　居館推定地と周辺の遺構

居館域の範囲については、発掘では区画の存在を示すような手掛りは何も見つかっていませんので、あくまでも私の勝手な想像です。居館推定区画の東端は、古代の道路であります上《かみ》ツ道という道路のラインと居館の端を合わせています。纒向の時代まで上ツ道が遡るのかと言われると困るのですが、いまは三世紀にもプレ上ツ道みたいな道路があってもいいかなと勝手に思っています。

さて、このような地割以外にも実は過去の調査からは居館の存在を推定させるいくつかの手がかりが見つかっています。例えば、居館推定地を囲った範囲のすぐ西側には、図5の地図の中に黒く塗って表した、昭和四十六年の県営住宅建築の際の調査区があります。

この調査区は居館推定地よりは一段低い、北側を流れる川に面した平坦な土地ですが、ここからはマツリを行ったときの道具を投げ込んだ、祭祀土坑と言われる大きな穴がたくさん検出されています。水が湧くようなところまで穴を掘り下げて、穴の周辺で歌舞飲食をし、マツリが終わると穴に道具を処分する行為を行っていたようです。調査を担当されました、石野博信先生（現兵庫県立考古博物館長 奈良県香芝市二上山博物館名誉館長）によりますと、ニイナメ・オスクニ儀礼と言われる、作物が出来、豊穣に感謝し祝う、大がかりな儀礼をしたのではないかというようなことをおっしゃっていますが、そういった大規模な祭祀エリアがすぐ西側にある。あるいは南西方向には、先ほど紹介しましたベニバナ染めの工房に推定される場所があったり、あるいは今回の調査地では橿原考古学研究所によって昭和五十三年に一部調査が行われているのですが、神殿状とも言われる特殊な建物遺構が見つかっていたり、ということで、この建物跡、神殿状建物の存在を一つの鍵にして調査を進めていくというのが一番いいのではないかということになりました。

各地における古墳時代の豪族居館の調査では、居館と祭祀を行う空間、そして首長層に供給するための特殊なモノを作る工房というのがセットで見つかる例が多いのですが、今回の纒向のケースも、特殊な構造を持つ建物跡や祭祀土坑、工房の推定地というものがありましたので、内心は「居館はまず間違いなくここにあるのだろう」とかなりの確信を持っていました。

三つの建物跡の確認

範囲確認調査では一六二回目の調査となる第一六二次調査、第一六六回目の一六六次調査と二回の調査を行いました。その結果、図6に示したように、西から順番にB、C、Dという三棟の建物跡と建物Bの西側から柵もしくは塀となる可能性がある柱穴列が見つかっています。この中で先ほど、神殿状の建物としていたのが建物Bにあたります。建物Aは神殿状といわれる建物Bがはじめて検出された昭和五十三年の段階で一部の調査が行われていたのですが、調査時に作成された概要報告書では当時は建物遺構とは報告されていません。したがいまして、この建物Aの存在は今回の調査の検討作業の中からその存在を推定したもので、存在するか否かも不明なものです。現時点ではあくまでも他の建物の配列などとの関係から平面的な全体像を私が勝手に推定復原したものです。

建物Bと柱列の構造

今回の纒向遺跡の建物群については神戸大学の黒田龍二先生に復原案を作成していただいたものを、NHKさんとタニスタさんにコンピューターグラフィックで再現していただいています（カバー・扉の写真）。建物Bをみていきましょう。かつて神殿状の建物と言われていた建物がどのような構造となるのか、掘

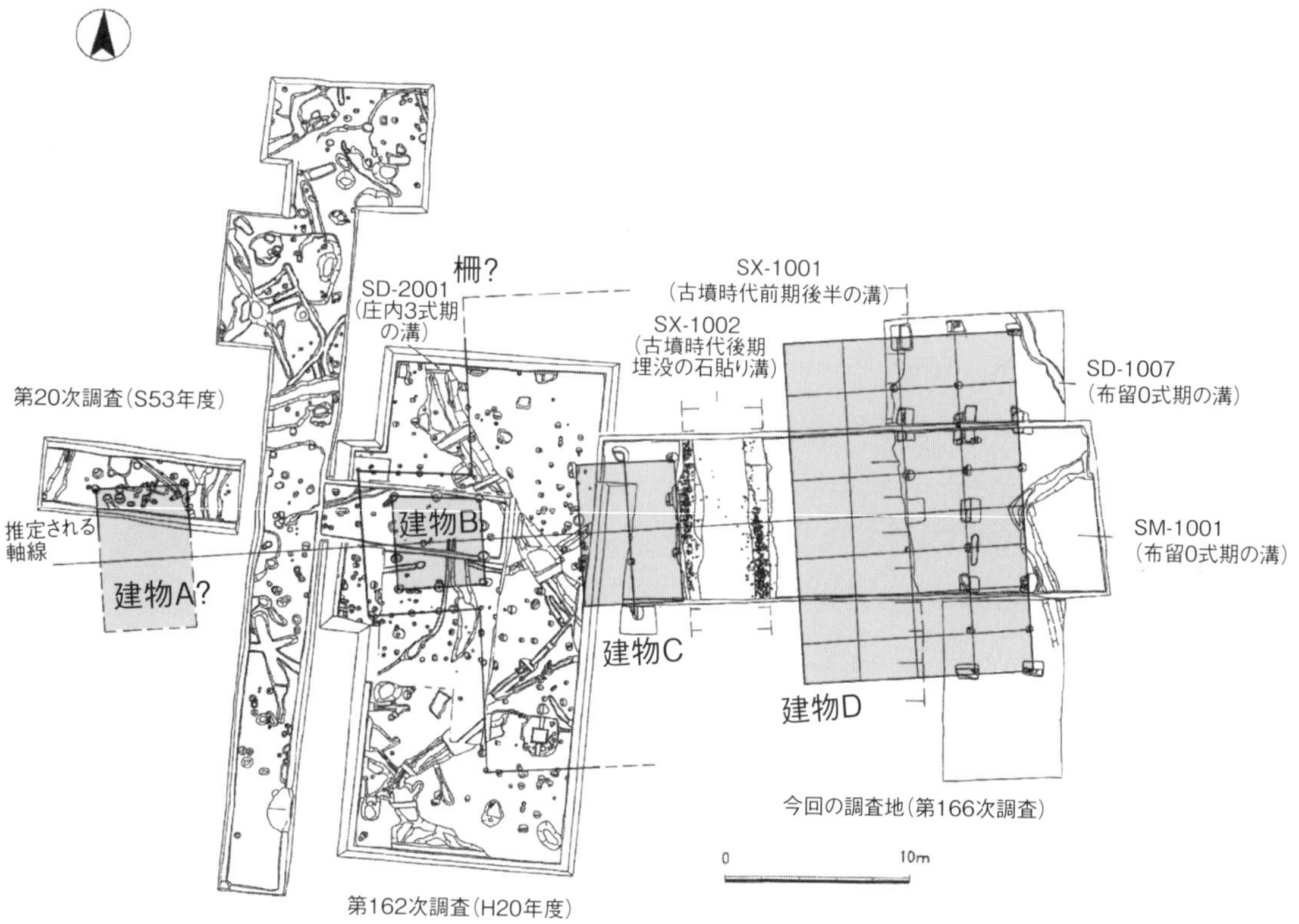

図６　第166次調査と第20次・第162次調査の遺構配置図
（桜井市2010より一部変更）　　〔扉の写真参照〕

り下げていきますとメインの建物Ｂは再確認できたのですが、昭和五十三年段階に木村房之さんが推定復原されました、脇殿のような二棟の付属建物は存在しないということがわかりました。当時の復原案では建物Ｂの南北に建物が推定されていたのですが、北側に建物は無く、南側のものは、建物Ｂとは時期が違うということがわかりまして、今回の復原案からは外しています。また、建物Ｂの周辺からは柱穴列が検出されています。そして、写22をご覧ください。建物Ｂの東側、この柱穴列に囲まれた内側に建物Ｂよりも一回り大きくなりそうな建物、後に建物Ｃと命名する建物があるということも見えてきました。

写23は建物Ｂの柱穴に模造の柱を建てた状態です。建物Ｂは大体一辺が五ｍ角くらいの建物で、内側の列のやや太めの十本が建物Ｂの柱を示しています。そしてさらに左の奥に見える柱

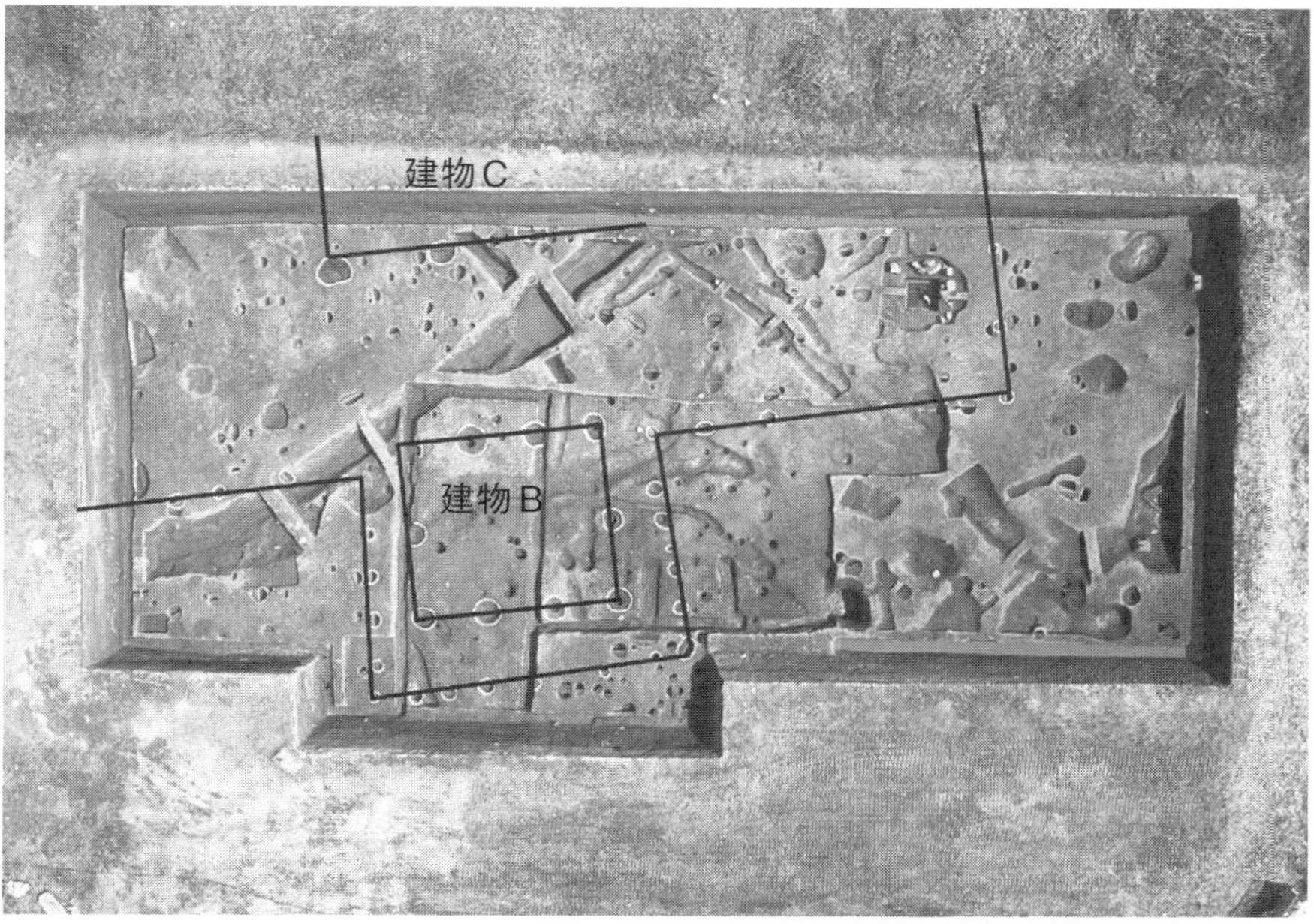

写22　建物Ｂと周辺の柵状柱穴群（左が北）

二本が、建物Cの柱穴の場所です。

そして外側の細めの柱が柵状の柱穴列になるものですが、太さは一五〜二〇㎝とそれほど太いものではありません。そして全体の柱を結びますと写24のような配列になります。真ん中手前が建物のB、そして奥にあるのがC、そして周りを囲む柵状の柱穴列です。写23で建物Bの北側に映っているおじさんは、俳優の苅谷俊介さんで、纒向を掘るよといったら必ず現れて、頼んでいないのにいつも一緒に発掘しているという方なんですが（笑）、論文もたくさんお書きになり、日本考古学協会員にもなっているという、プロの考古学者と言っていい方です。余談ですが、苅谷さんは九州大分県の出身の方でありながら、纒向邪馬台国説を強く唱えておられまして、私なんかは「九州の裏切り者だ」といつも笑っているのですが、苅谷さんにはずっと調査を手伝って頂きました。現地説明会の時にお会いになられた方も多いと思います。

調査の結果をもとに建物Bの復原案を黒田先生にお考えいただいたのが、本書のカバーと扉の一番左の建物です。神殿状建物というよりは、物見櫓《ものみやぐら》的な感じに仕上がっ

写23　模造柱を立てた建物B（西北より）

ております。写23の苅谷さんとの大きさから比較して頂いてもわかると思いますが、建物Bと柵状の柱状列との間がたった一・七m前後しかないという状況がありますので、柵もしくは塀の柱が立ち上がって、建物Bの屋根が下りてくるとどうしても、柵もしくは塀の上部が屋根と干渉する可能性が出てきますし、屋根が干渉しないとしても平屋の建物ですと三方が高い柵もしくは塀に囲まれて、とても窮屈な建物となってしまいますので、こういった床が高いタイプの建物の構造が一番理にかなったものと言えるでしょう。

建築年代の推定

これら建物Bや柵状の柱穴列ですが、柱穴の調査をしますと、多くの柱穴で、後で見ていただきます建物C、Dもそうなんで

写24　模造柱を立てた建物Bと柵状柱穴群（後方は建物Cの一部、西より）

すが、柱が抜きとられた痕跡が確認されています。建物が使われなくなったときに、柱を引き抜いてどこかに持って行って再利用されたのでしょう。

この柱が抜き取られた穴の中からは写25のように、土器を納めたものが何か所かで見つかっていまして、これらの土器の年代から、建物が三世紀の中頃ぐらい、考古学では庄内3式期と呼んでいますが、その頃に建物が無くなり、柱が抜きとられて廃絶したということがわかっています。

ちなみに、建物が建てられた年代というのは、実はまだはっきりと確認できていません。今回の調査地周辺では建物を建てるに際して大規模な造成工事が行われているということがわかっていますが、造成土の中から出てくる土器の検討では先ほど名前が出ました庄内式の中でも古い方、庄内の1式とか2式とか、3式で建物は無くなりますので、どこかそのあたり、三世紀前半段階でも前の方の段階で建てられているのだろうというところまでは想定しているのですが、それ以上細かくはまだ現場でも押さえきれていないという状況です。

写25　柱穴に収められた土器

建物Dの構造

平成二十一年の九月から実施した第一六六次調査は、第一六二次調査地の東側の水田において、建物Cの全容を知るため、そしてさらにその奥に何か構造物がないのかということを確認するために、調査を行いました。

十一月に行いました現地説明会は一二、〇〇〇人もの方がお越しになりまして、現場が大変なことになったのですが、現地をご覧になられた方も多いと思います。写26では目印となる模造の柱が建っていませんのでわかりにくいかもしれませんが、一番東側で確認された建物Dに模造の柱を建てますと、写27のようになります。南北が一九・二m、東西が一二・四m、床面積二三八㎡という、三世紀中頃までの建物としては、国内で最大の規模を持つものと考えています。この建物は、真ん中の南北柱列から西側が、四世紀後半頃から後の時代の大溝であるＳＸ−１０００１に削られてしまって、柱穴が残っていません。左側に二本、北西と南西の隅に建てている模造の柱はこの建物が本来四間×四間の規模を持っていたものと推定し、便宜的に本来柱があったであろう場所を示しているだけなのですが、何人かの先生に建築学的に検討していただきますと、やはり東西四間というこの配列が一番妥当だというご意見をいただいていいます。それと、柱穴の形状ですが、方形を基本としながらもこの建物の柱穴は東西に長いとか南北に長いとかいろいろな形のものがあるのですが、柱穴の配列の規則性を見たときに、残存している柱穴のうち一番北西隅の柱穴が建物の棟通りという、中心を通る柱通りだということが、調査の中で推定できましたので、全体像を復原するに至りました（扉写右端・口絵図２）。

写26　姿を現した建物Ｄ（西より）

写27　模造柱を立てた建物Ｄ（南より）

建物Cの構造

次に建物Cという棟持柱《むなもち》を持つ建物ですが、南からの映像では写28①のような感じで見つかっています。東西が四・八mぐらい、五m弱。そして南北の規模が八m弱という建物規模ですが、特徴的なのは、この南側の壁となる東西ラインの中央部分で、壁よりも外に出る柱が一本確認されていることで、この柱が棟持柱と呼ばれるものです。この状況は北側も同じで、北側の壁のラインよりも外側に柱がたっています。写28②は建物Cを北側から見たものです。棟持柱が壁よりも外側にあるということで、コンピューターグラフィックによる復原では、伊勢神宮に代表されるような神社建築に近い建物構造が考えられています（扉の写中央）。屋根の一番高いところを通るのが棟木という部材です。そしてこれを下から受け止めるのが棟持柱です。こういう構造になるということが考えられています。

調査で確認されているすべての建物と想定される建物A、そして柵状の柱部分に模造の柱を建てたのが写29の写真です。これは西側から見た様子です。微高地上に三棟の建物が整然と建てられている様子が良くわかることと思います。

①

②

写28　南側と北側に棟持柱が見られる建物C

建物群の配置

これら三棟の建物は、建物配置に非常に厳密な設計があるということがわかっていまして、建物Dの北から二列目の主柱の東西列をまっすぐ西に通しますと、建物Cの棟持柱とされる柱の部分、そして建物B北側の柵状の柱穴列の東西ラインを通過して、一直線に正しく並ぶということがわかっています。そして写29に入れているラインは中軸線、四棟の建物の中央を貫く東西ラインですが、この中央の基準として建物が北と南に均等に割り振られていることがわかります。建物となるか否かが判然としない建物Aはこの中軸線を基準に、建物の大きさを復原をしたわけですが、少なくともその存在が確実な三棟の建物群は非常に厳密な設計があって、配置されたということが考えられます。建物全体のコンピューターグラフィックによる復原はこういう感じになりました（扉の写）。

写29　直線状に並ぶ３棟のライン（東より）

四　纒向遺跡と邪馬台国

建物群の構造は何を表すのか

今回確認されました建物群は、その中に当時としては国内最大の建物があったということで、注目を浴びました。これらの建物はちょうど女王卑弥呼《ひみこ》が生きていたころと同じ時代のものだということで、建物Dでは卑弥呼が寝ていたのではないか（笑）という声が多いのですが、現場の考古学的状況からはここに卑弥呼がいたとする積極的な根拠は、何もありません。ただ、纒向遺跡が持つ特質や建物の時期・規模などを勘案すると、纒向遺跡はいわゆる邪馬台国の時代、卑弥呼の時代と一致する時期のものであり、かつ他に比するものが無いという点においては、その有力な候補にはなるだろうと思っています。

しかしながら、現時点で決着のつけられない纒向遺跡が邪馬台国だったのか否かという事よりも、調査を行っている私どもが一番注目していただきたいのは、こういう建物群が規則正しく配列されていることや、各々の建物の軸線がそろっていること。そして、真北に対して四～五度西に振るという方位ですが、現在の磁北ですと六～七度西に振りますので、それよりも精度が高い形で東西南北を意識して配置されているという点です。

こういった構造を持つ建物は、それまでの弥生時代には全くなかったわけですが、新しい思想にもとづいた建物群が、この纒向の地で初めて現れることの意義の方が、古墳時代がいつから、どうやって始まるのかという大きな問題に影響を与えるもので、今はいたか、いなかったかわからない卑弥呼の話よりも重

写30　確認されたすべての建物と柵状柱穴群に模造柱を立てた様子

写31　現在の建物群跡（2013.4）

要なのではないかと考えています。

そういう視点で見ると纒向遺跡の建物群の構造は後の時代の宮殿建築、飛鳥宮であるとか、藤原宮などの宮殿建築や、あるいはいまだ確認されていない四世紀、五世紀、六世紀の大王や、天皇と呼ばれる人たちの宮殿、そういったものをつないでいく中での一つの定点としてとらえられるべきものだろうと思っています。纒向遺跡の建物群は古墳時代の開始時期や、日本における国家の起源などを研究していく上での重要な材料として、積極的に評価していただきたいと考えています。

とは言っても皆さんが、一番関心がおありなのは纒向遺跡に卑弥呼がいたかどうかという事だと思います。残念ながら、邪馬台国の所在論争の決着は、金印や封泥《ふうでい》のような一点ものの遺物が出土しない限り、決着が着くことは無いでしょう。発掘された遺物の中から「卑弥呼」と書かれたものが出てきたらラッキー（笑）ということになると思うのですが、そのような遺物が出土する確立は宝くじに当たるよりも難しいことですし、そもそもそんな遺物は、もうこの世に存在しないかもしれません。

私たち調査現場に立つものが為すべきことは、宝くじに当たるのを待つのでは無く、それぞれの遺跡が持つ属性を研究し、状況証拠を一つずつ積み上げて行くことによって、その可能性を探っていくことだと考えています。一つの成果に一喜一憂せず、今後も地道に調査を続けていきたいと思っていますので、纒向遺跡の姿が徐々に明らかになっていく様子を楽しみに見守っていただければ幸いです。

五　その後の居館域の調査

平成二十二年三月の講演後、わずか三年余の間に纒向遺跡の調査次数は一八〇次を数えるに至り、現在も日々新たな発見が続いている。紙幅の関係上、そのすべてを紹介する余裕は無いが、本書の刊行にあたり、その後の居館域の調査において得られた成果の概略をご紹介することとしたい。第四節までの本文でも報告したとおり、居館域推定地の調査は建物群周辺の構造解明に重点を移して現在も調査が継続されており、特筆すべき成果として、次の三つを挙げる事ができる。

(1) 大型の祭祀土坑の確認
(2) 建物A推定地の調査における特殊な構造を持った井戸遺構の検出
(3) 新たな大型建物とみられる建物Eの確認と四世紀の方形区画の確認。

大型祭祀土坑

第一六六・一六八次調査において建物Dの南側から検出された長楕円形の土坑である。南北約四・三m、東西約二・二mを測るものの、遺構上部の多くが後世の遺構によって削平を受けており、本来は若干規模の大きいものだったと考えられる。削平を受けていない部分では湧水点にまで達する深さ約八〇cm分が残存していたが、大きく削平を受けた土坑西側では約三五cm分しか残されていなかった（写32・33）。

現時点で判明している土坑からの出土遺物は図7に示した土器や木製品、動植物遺存体など多種多量の遺物がある。これらは遺構北側に集中して出土する傾向にあり、何らかの祭祀行為に伴うものと判断されるが、中でも多量に出土した桃核《とうかく》（写34）の存在は、これまでの調査の中でも前例の無いものであった。この桃核の中には未成熟の種子が一定量含まれており、成熟・未成熟を問わず桃が大量に集められたようで、一部には果肉が残っているものも少量含まれていた。

その他の遺物で特徴的であったのは木製品に長期の使用に伴う傷みや磨滅が認められなかったこと、横

写32　大型祭祀土坑からの遺物出土状況（第168次・東より）

写33　大型祭祀土坑完掘後の状況（第168次・北より）

写34　大型祭祀土坑から出土した桃核（第168次）

槌二点とヘラ状木製品四点、底部穿孔を施した小型直口壺を除く総ての遺物が壊された状態かつ、それぞれが一部分しか出土しなかったことである。これらの遺物は土坑の近隣で祭祀を行った後に使用した道具類を破壊し投棄されたものと考えられるが、それぞれが一部分しか出土しなかったことからは他にも本遺構と同様の土坑が存在し、祭祀が終わった時点で意図的に道具類を分けて投棄されている可能性も考えられる。

この他、特筆すべき遺物にサクラ属（モモ・スモモ型）の花粉の検出がある。分析では土坑の近隣にモモ・スモモの林が広がっていた事が推定され、出土した桃核はこの林において栽培されていた可能性が指摘されている。

これら自然科学分析の成果により、土器・木製品以外の供献遺物の具体的な組成が明らかとなり、土坑周辺において行われた祭祀の状況がより鮮明となった。中でも豊富な栽培植物の内容や内陸の纒向遺跡において同一の土坑から多様な海水魚が確認されたことは注目すべきものので、鳥や獣などともあわせてバリエーションに富んだ

動物遺存体		イワシ類・タイ科（マダイ・ヘダイ）・アジ科・サバ科・淡水魚・ツチガエル・ニホンアカガエル・カモ科・齧歯類・ニホンジカ・イノシシ属
植物遺存体 （食用となるものに限定）	野生種	カヤ１・ヤマモモ36・クリ２・シイ属５・コナラ属145・アカガシ亜属９・ムクノキ14・ヒメコウゾ480・ヤマグワ23・サクラ属サクラ節３・キイチゴ属２・サンショウ80・トチノキ216・ブドウ属22・マタタビ18・サルナシ15・グミ属４・ガマズミ属１・ニワトコ７・アカザ属４・ヒユ属34・シソ属２・イヌホウズキ87
	栽培種	モモ2,769・スモモ52・イネ９３８・ヒエ２・アワ74・アサ535・ササゲ属３・エゴマ24・ウリ類2,076・ヒョウタン類213
土　　器		線刻を施した短頸直口壺・底部穿孔を施した小型直口壺・手捏ね土器・ミニチュアＳ字甕・壺・高坏・甕・器台など
木　製　品		ヘラ状木製品４・黒漆塗り弓１・槽１・筒形容器１・横槌２・剣形木製品１・竹製籠６・敷居材１・垂木１
そ　の　他		ガラス製粟玉２

＊動植物遺存体は金原正明氏・宮路淳子氏の鑑定による。調査途中であり、動植物遺存体の種類はさらに増える可能性がある。

図７　纒向遺跡第168次調査による大型祭祀土坑から出土した遺物一覧

供物が供献されていた様子がうかがえよう。

さて、多くの出土遺物の年代観から土坑は庄内3式期新相頃のものと判断しているが、祭祀の時期が建物群の廃絶の時期と近接すると考えられること、検出された三棟の建物のうち、中心的な建物とみられる建物Dに近接して土坑が掘削されていること、土坑の北端が建物群南辺を画する柱列のラインと重複することなどを勘案すると土坑は建物群の解体時に執り行われたマツリの痕跡ではないかと考えている。

このことは本土坑からの出土遺物に鋤・鍬の類の農具や土木用具が含まれず、容器類の他は剣形木製品や弓など武器形木製品が中心となること、火を用いた痕跡が認められないこと、多量の桃核や海産物などが供物の中に数多く含まれることなど、これまでに確認されている纒向型祭祀土坑の様相とは使用される器物の内容や供物の質に違いが認められることからも想定できることである。

建物A推定地の調査

第一七六次調査においてこれまで推定されていた建物A推定地の調査を実施した。建物Aは推定される居館域の最も西端で検出された柱穴群から復原された三間（東西四・八m）×一間以上（南北一・二m以上）の規模が考えられていた建物遺構である。調査の結果、他のB〜Dの建物群と時期を同じくするものを多く含むとみられる一〇〇基を超える柱穴の検出があったものの、当初想定されていた建物Aの配置では建物が存在しないことが判明しており、今後再調査を行い、再度建物遺構を探索する必要が生じることとなっている。

さて、建物Aの代わりに検出されたのは、二基の井戸遺構（写35）である。井戸Aとされた遺構は裏込め部分を含めた直径が約二mの遺構である。遺構の埋土上部は井戸枠の抜き取りに伴う攪乱を受けていたが、縦板を用いた井戸枠があったようで一部が残存していた。井戸枠および抜き取り穴から推定される井戸本体の規模は最大で一辺約八〇cmの方形井戸とみられ、底面は湧水点に達しており、深さは九〇cmを測る。出土遺物にはミニチュア壺のほか土器片などがあり、埋没および井戸枠の抜き取り時期は布留0式期であることが判明している。なお、一部断ち割りを行った井戸枠裏込め土の調査では、遺物量は少量ながら確実に布留式期に降る土器の出土は無く、先の建物群と井戸が併存する可能性も考えなければならない。

また、この井戸には西側に幅一m程度の細い溝が接続し、溝の底には一〇cm前後の礫《れき》が多量に詰められていたが、纒向遺跡内においても珍しい縦板を用いた井戸枠の構造や石敷き溝を持つこと、建物群の柱材と同じく井戸枠材の抜き取りが行われていること、建物群と併存する可能性も残されていることなどを考え合わせると、今後の調査の進捗により重要な意味を持つ遺構となる可能性がある。

写35　建物Aの代わりに検出された二基の井戸遺構（第176次・北より）

なお、井戸Bはこの井戸Aに切られる形で検出されているが、遺構の大半が井戸Aに削平を受けており、検出状況からは同じ場所に井戸を掘り直した様子がうかがえる。この井戸Bは遺構の残存率が極めて悪かったため、出土遺物が少なく、構築および埋没時期などは限定することはできなかったが、井戸Aに切られていることから、建物群に併行する時期に遡ることはほぼ間違いないと考えている。

建物Eの確認

建物Dの東側において実施された第一七〇次調査で確認された建物遺構である。調査区の関係上、全体像は明らかにし得なかったが、N―一～二度―Eとほぼ方位に則った南北九m以上の規模を持つ大型の建物遺構であることが明らかとなっている。

写36　建物E全景（第170次・西北より）

この建物Eを構成する柱穴（写36）は、平面プランが隅丸の長方形と方形の二つのタイプがあるが、その配置は南から順に長方形→方形→長方形→方形と交互に配置されており、恐らくは先に確認されている建物Dと同様の構造で、長方形柱穴は主柱を建てるためのもの、方形柱穴は床を支える束柱のためのものと考えている。このことは主柱穴間の距離が約四・五mと非常に広い事、そして方形柱穴がその中間に正しく配置されていることからもうかがえるものである。

長方形柱穴は東西が約一・二m、南北が約七〇cm、深さ約三五cmの規模を持つものである。柱穴内は東側が一段深く掘削されていることから柱通りは柱穴内の東側に想定され、最も南端で検出された長方形柱穴内の東側には柱を受けるための大きな根石が据えられていたが、柱材は抜き取りによって残されていなかった。一方、方形柱穴は一辺が約七〇㎝、深さ約二五㎝とやや小さめのもので、長方形柱穴間の中央に長方形柱穴と東辺を揃えて配置されていたが、長方形柱穴と同様に柱材の抜き取りが行われたようで、柱材は確認できなかった。

建築時期に関しては建物北側の柱穴が先行する溝遺構の埋没後に掘削されていることから、溝の埋没時期である布留0式期を含めてそれ以降のものということ以外に手掛かりが無いが、建物Eはこれまでに確認されている建物群とは明らかに建築時期や建物方位が異なる事から、三世紀の建物群と同じ場所に未知の建物群が存在することが想定され、今後の調査で全貌が明らかになることが期待される。

四世紀の方形区画

第一六六・一六八・一七三・一七六次調査地にまたがって検出された溝によって構成される方形区画である（図8④）。溝は東辺にあたる第一六六・一六八・一七三次調査地を縦断する南北溝部分と、南辺にあたる第一七三次調査地から第一七六次調査地第五区から第三区へと横断する東西溝部分、そして西辺にあたる第一七六次調査地第三区において北へと折れ曲がり、調査区外へと続く南北溝部分からなっている。東辺の溝は幅約八ｍ、深さ約一ｍ、長さ五四ｍ以上の規模を持つ。溝の北側はさらに調査区外へと延びており、その全長は不明だが、南端は谷地形の直前で止められ谷部分へは抜けないことが確認されている。この溝の埋土は粘土層からなり、滞水状況を示すことから北側部分も谷へは抜けず閉鎖的な状況にあることが推定される。

南・西辺の溝は南辺溝東端で確認された盛土からなる渡り堤を介して東辺溝と一体をなすもので、南辺溝の長さは約五七ｍ、幅約六ｍであったが、上部が後世の遺構により大きく削平を受けたと考えられ、本

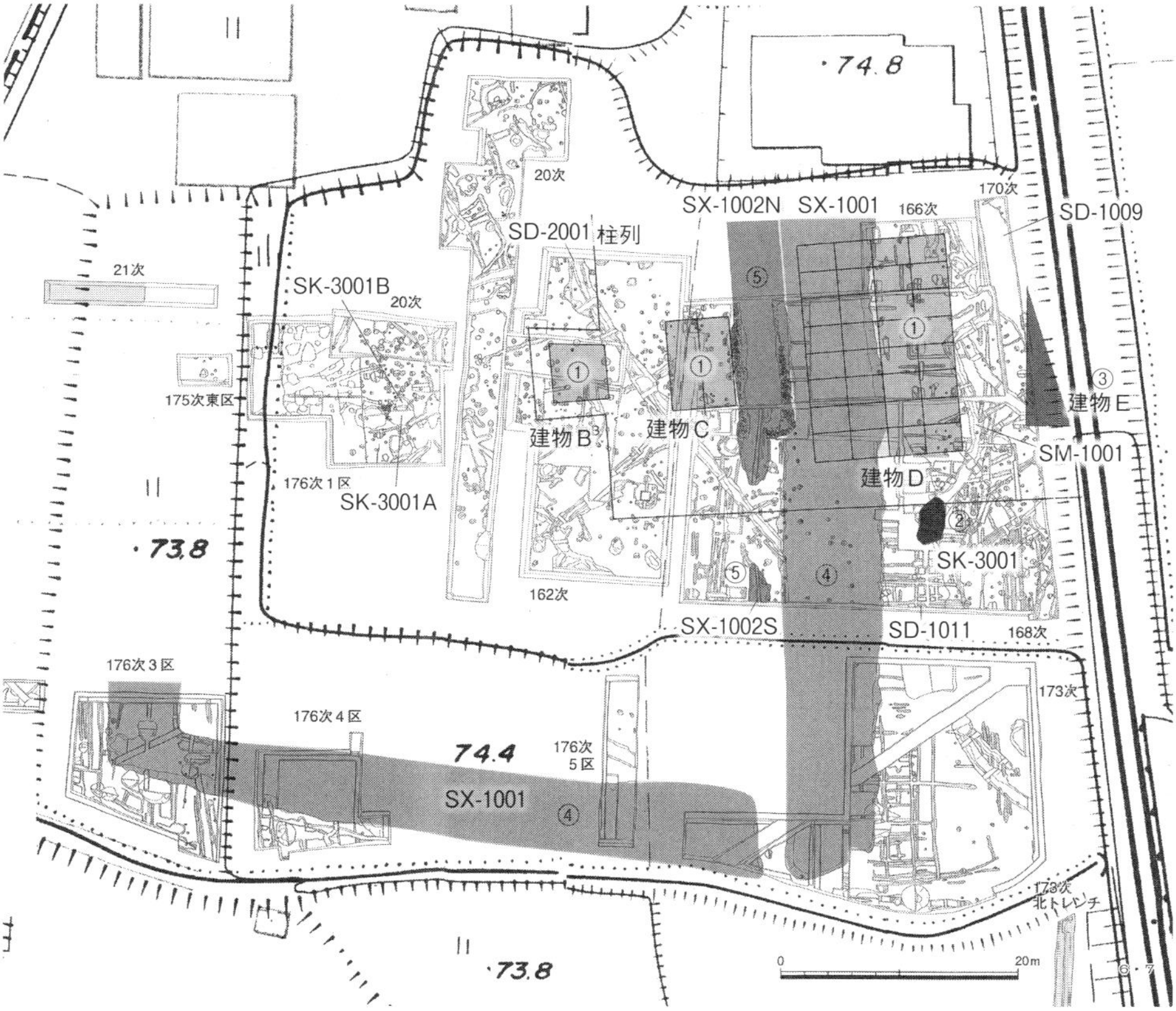

図8　纒向遺跡辻地区の遺構配置図（1/750）　3世紀前半の建物群——①

3世紀中頃の大型土坑——②

3世紀後半以降の建物——③

4世紀後半の区画溝——④

5世紀末～6世紀初頭の石張り溝——⑤

来は東辺に近い規模のものであった可能性がある。

これらの溝遺構は、その平面プランから微高地を取り巻く大規模な区画溝となることが想定されるが、区画内からは同時期の遺構が確認されておらず、遺構の性格を特定するには至っていない。現時点では首長居館に伴う区画溝で、これに伴う区画内の遺構は既に削平を受けたものと考えている。

なお、第一六六次調査時には多くの土器のほか、板材・柱材など多量の加工木が東辺溝から出土しており、遺構が四世紀後半の布留2式期には埋没したものであることが判明している。

このように辻地区の太田北微高地上における調査からは日々新たな知見が得られている。特に庄内式期前半の居館遺構以外にも、本文では触れられなかったが五世紀末～六世紀初頭の居館区画とみられる石貼り溝や、布留2式期の方形区画、時期は不詳ながら建物Eなどの新しい時期の居館遺構が複数の時期にまたがって存在する様子が明らかとなった点は重要であり、今後さらにさまざまな視点からの議論が深化することを期待するとともに、積極的に実態解明のための調査と恒久的な保存の措置を講じていきたい。

〔主な参考文献〕

石野博信・関川尚功『纒向』桜井市教育委員会 一九七六

寺澤　薫「纒向遺跡と初期ヤマト政権」『橿原考古学研究所論集』第六 吉川弘文館 一九八四

寺澤　薫「畿内古式土師器の編年と二・三の問題」『矢部遺跡』奈良県史跡名勝天然記念物調査報告第四十九冊 奈良県立橿原考古学研究所 一九八六　本稿における土器の編年観はすべてこれに準ずる。

寺澤　薫『王権と都市の形成史論』吉川弘文館 二〇一一

黒田龍二『纒向から伊勢・出雲へ』学生社 二〇一二

橋本輝彦『ヤマト王権はいかにして始まったか～王権成立の地 纒向～』㈶桜井市文化財協会 二〇〇七

橋本輝彦『奈良県桜井市纒向遺跡発掘調査概要報告書―トリイノ前地区における発掘調査―』桜井市教育委員会 二〇一三

邪馬台国からヤマト王権へ2

第2章　考古学からみた邪馬台国と初期ヤマト王権
――大型古墳の出現とヤマト政権

白石《しらいし》　太一郎《たいいちろう》

一　古墳の出現と邪馬台国大和説

今回の纒向《まきむく》遺跡の大型建物群の調査でも、それ以前の長年の奈良県や桜井市などの調査によりましても、今回検出された建物群や纒向遺跡それ自体が『魏志《ぎし》』倭人伝《わじんでん》に描かれています邪馬台国《やまたいこく》に関わるものであるということを具体的に示す証拠は何も出ていません。しかしながら多くの研究者が、これはやはり邪馬台国の卑弥呼《ひみこ》の宮殿の一部を掘り当てたのではないかと考えているわけです。それにはやはり根拠があるわけで、それは纒向遺跡それ自体の調査だけでは必ずしもよくわからないのですが、ここ二十数年あまりの日本考古学の調査・研究の進展の結果、やはり『魏志』倭人伝に書かれている邪馬台国は、大和と考えざるえないのではないかと考える研究者が多くなってきているわけです。そういう、考古学的な状況証拠の積み重ねの結果、今回の纒向遺跡の大型建物群も卑弥呼の宮室の一部と考えられるということになるわけです。

ではなぜ、最近の考古学の研究の進展の結果、邪馬台国大和説がほぼ間違いないだろうと考えられるようになったのかということをお話しいたします。

大型前方後円墳とヤマト政権

最近の考古学研究の進展の結果、邪馬台国畿内説といいますか、大和説がほぼ間違いないだろうと考える研究者が多くなってきているということを申しましたが、これは具体的には古墳の出現年代に関する研究の進展の結果にほかならないわけです。

図1をご覧ください。これは西日本における出現期古墳、出現したばかりの古墳時代前期初頭の古墳の分布状況を示したものです。すでに畿内の大和には箸墓《はしはか》古墳のような墳丘の長さが二八〇mというような大前方後円墳が造られています。そしてその箸墓古墳の二分の一くらいの規模のものが現在の岡山市、かつて吉備《きび》と呼ばれた地域、そこに岡山市浦間《うらま》

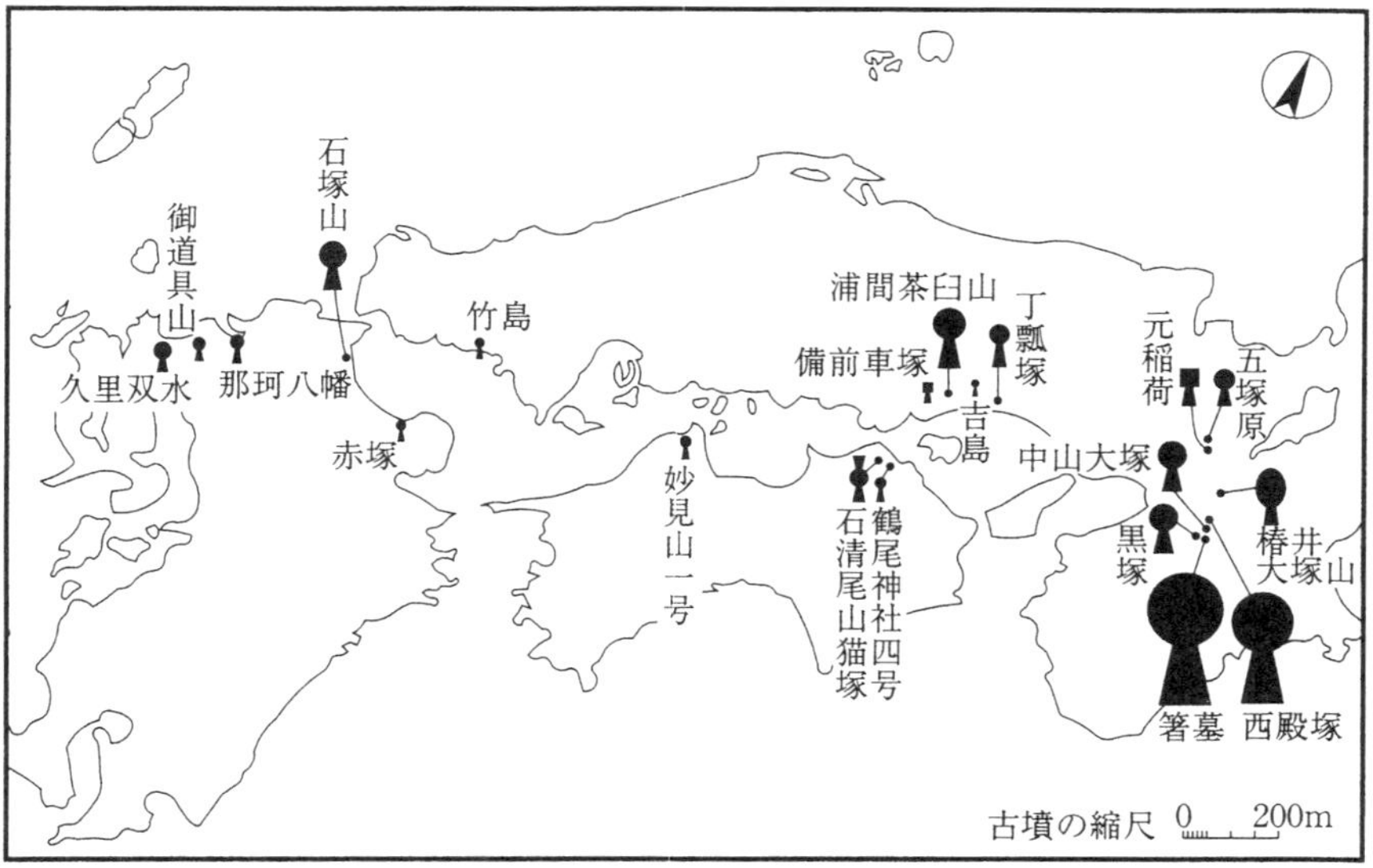

図１　西日本における出現期古墳の分布

茶臼山古墳《ちゃうすやま》があります。これがちょうど箸墓古墳の二分の一の規模なんです。さらに瀬戸内海沿岸各地や北部九州などに、それよりさらに一回り小さい古墳が営まれています。

こういう定型化した大型の前方後円墳。これはこの後も、古墳時代前期から中期・後期まで約三百五十年間造られ続けるわけですが、その分布のあり方は、基本的にはここに示しているのと同じようなあり方をしているわけです。後に畿内と呼ばれる近畿地方中央部に最大級の古墳があり、それに次ぐ規模のものが例えばこの吉備地方であるとか、東日本では上毛野《かみつけぬ》と呼ばれた群馬県などにある。それ以外の地域にはより小さい前方後円墳が営まれているのです。

これは戦後の日本考古学の大きな研究成果の一つなのですが、こういう定型化した大型の前方後円墳は、それぞれに勝手に造られたものではなくて、のちに畿内と呼ばれる近畿地方中央部の勢力を中心に日本列島各地の政治勢力によって形成されていた、いわゆるヤマト政権と呼ばれる政治連合、このヤマト政権の政治秩序と密接な関係を持って営まれたものであろうと考えられています。要するにヤマトの大首長を中心とする首長連合に加わった各地の首長たちが、その首長連合の中での一種の身分秩序に応じて、大小さまざまに前方後円墳を造っていたのであろうと理解されているわけです。

そうすると、ここに示していますす出現期、すなわち古墳時代前期初頭の段階には、少なくとも西日本各地、近畿地方中央部から瀬戸内海沿岸各地を経て北部九州に至る地域の有力な首長たちの間に、首長連合が形成されていたと考えざるをえないわけです。そしてその中心は明らかに畿内の大和、近畿地方中央部の大和であるということになるわけです。

大型前方後円墳の出現年代

問題は、こういう出現期古墳、前期初頭の古墳が、実年代（暦年代）の上で一体いつごろ出てくるのかということです。従来これについては、こうした大型の定型化した前方後円墳が出てくるのは四世紀の初めくらい、古くても三世紀の終わりくらいであろうと考えられていました。これは戦後の古墳研究を主導しておられました京都大学の小林行雄先生のお考えによるところが大きいわけです。小林先生がお考えになられたように、古墳の出現が四世紀初め頃のことであれば、邪馬台国の卑弥呼が活躍した時代というのは三世紀前半ですから、五十年以上の差があるわけです。したがってこういう古墳の分布のあり方は邪馬台国の所在地問題とは直接関係しないというふうに考えられていました。ところがここ二十〜三十年間の研究の進展の結果、どうもこうした大型の前方後円墳が出てくる年代というのは、そんな三世紀末ないし四世紀初頭というような新しい時代ではなくて、もう少し遡るのではないかというふうに考えられるようになってきました。

古墳の造営年代を決める三角縁神獣鏡

その根拠はいろいろあるのですが、そういう古墳出現の年代を決めるのに、最も有力な決め手になっているのが、こうした出現期の古墳に大量に副葬されている三角縁神獣鏡《さんかくぶちしんじゅうきょう》の年代研究です。三角縁神獣鏡は、古墳時代でも最も古い段階の出現期古墳にたくさん副葬されています。奈良県の橿原考古学研究所が十数年前に天理市の黒塚《くろつか》古墳（写12）という墳丘の長さが一三〇mぐらいの中クラスの前方後円墳を発掘しました。そこでは竪穴式石室の中から全部で三十四面の銅鏡が見つかったわけですが、その三十四面のうち三十三面が三角縁神獣鏡（写1）でした。一面だけ、この三角縁神獣鏡よりちょっと古い、画文帯《がもんたい》神獣鏡という鏡が、棺の中に置かれていました。三十三面の三角縁神獣鏡は全部木棺の外に並べられていたわけですが、いずれにしても黒塚古墳の場合は、ほとんどの鏡は三角縁神獣鏡で、一面だけそれより少し古い鏡がありました。

これは奈良大学のすぐ近くですが、京都府の南の端、現在木津川市になっています、かつて山城町といったところに、椿井《つばい》大塚《おおつか》山古墳（写4）という、これまた非常に古い時期の前方後円墳があって、ここからは全部で三十六面の銅鏡が見つかっています。三十六面のうち、ここでも実に三十二面が三角縁神獣鏡でした。それ以外に四面の鏡が含まれていましたが、それらはいずれも三角縁神獣鏡より少し古い時期の鏡で、画文帯神獣鏡（写2）が一面、内行花文鏡《ないこうかもんきょう》が二面、それから方格規矩四神鏡《ほうかくきくしじんきょう》（写3）が一面ありまし

写1　三角縁神獣鏡（黒塚古墳出土）

写2　画文帯神獣鏡（椿井大塚山古墳出土）

写3　方格規矩四神鏡（椿井大塚山古墳出土）

た。三角縁神獣鏡より少し古い鏡が四面だけ含まれていますが、中心は三角縁神獣鏡と言っていいわけです。

ですから、こういう出現期古墳、前期でも古い段階の古墳の年代を決める決め手は三角縁神獣鏡にあるということがわかっていただけると思います。

ただ、この三角縁神獣鏡というのは厄介な鏡で、現在でもこれがどこで作られたのか研究者によって意見が一致していません。かつては中国の三国時代の魏《ぎ》で作られた鏡であろうと考える人が多かったのですが、この三角縁神獣鏡は、その鏡式の範囲を広くとれば日本列島では五百面以上も見つかっているのに、お隣の朝鮮半島では一面も見つからない。さらに中国大陸でも一面も見つからないわけです。いくらなんでも中国大陸で一面も見つからない鏡を中国の魏の鏡と考えるのはおかしいのではないかということを、同志社大学におられた森浩一先生が、四十数年前に問題提起なさいました。これはもっともなお考えでして、いくらなんでも、中国大陸で一面も出ていない鏡を中国の魏の鏡と考えるのはおかしいと、私も思います。しかしながら、やはりこれは魏の鏡であろうと考える研究者も少なくないわけでして、中国で作られたのか、あるいは倭国、すなわち当時の日本で作られたのか、あるいはそれ以外の第三の製作地があるのか、今だに論争が続いていて解決していません。今日はこの問題に触れていますと、先に進めませんので、その問題は横において、ここでは、出現期古墳の年代を決める材料として、これを考えてみたいと思います。

三角縁神獣鏡の年代研究

ここ二十年ほどの間に三角縁神獣鏡の年代研究が飛躍的に進展しました。そして最近では、これを大きく第一段階から第五段階に分けて考える研究者が多くなっています。三角縁神獣鏡の背面には中国の神仙思想に基づく神様とそれに仕える霊獣が半肉彫りで表現されているわけですが、最後の第五段階の三角縁神獣鏡は、神様の表現も獣の表現もきわめて稚拙です。それから銅の質も悪くなっています。これは以前から、おそらく中国からもたらされた三角縁神獣鏡を倭国の工人が真似て作った仿製《ほうせい》三角縁神獣鏡と考えられていた鏡です。したがって、それ以前の従来中国からもたらされたと考えられていた三角縁神獣鏡、これを四つの段階に分けて考えるようになってきているわけです。こういう三角縁神獣鏡を細かくいくつかの時代を異にする型式に分ける試み、これは戦前から多くの研究者が行ってきました、ただ最近の三角縁神獣鏡の年代研究の大きな特徴は、その背面の神像や獣像の表現法とか、あるいはその配置など文様の分析だけではなく、この三角縁神獣鏡を横に真っ二つに切った断面の形が時代とともにどう変わっているかというようなことをも含めて、その年代研究が進められています。

三角縁神獣鏡の外縁に近い部分、これを外区、それから神像や獣形が表現されている部分、これを内区と区分していますが、古い時期の第一段階の鏡では外区が非常に分厚くて、内区が非常に薄い。ところが第二段階になると外区が少し薄くなってくる。それは第三段階になるとさらに顕著になり、第四段階になると外区と内区の厚さがあまりちがわなくなってしまいます。さらに従来仿製三角縁神獣鏡と言われていた鏡の段階になりますと、この外区の厚さと内区の厚さが同じになってしまうわけです。こういう断面の形のきわめて明確な変化が認められるわけで、最近の三角縁神獣鏡の年代研究はこうした断面形の変化、これは実は考古学の型式学的研究ではきわめて重要なものですが、そういう点をも加味して、非常に厳密に行われるようになっていて、きわめて説得力のある時期区分が出来るようになっています。当然第一段階のものは古くて第五段階に近づくほど新しくなっていくわけです。

古墳の造営年代を推定する

次に、これらの各段階の三角縁神獣鏡が実際の出現期の古墳の中で、どういうあり方をしているかということを見てみたいと思います。先ほど例にあげました京都府の南端の椿井大塚山古墳（写4）から出土している三十二面の三角縁神獣鏡の中には、第一段階のものも、第二段階のものも、さらに第三段階、第四段階のものも含まれています。それに対して天理市の黒塚古墳（写12）の三角縁神獣鏡三十三面には、第一段階、第二段階、第三段階の鏡はあるのですが、第四段階の鏡は一面も含まれていません。それから兵庫県神戸市の西求《にしもと》女塚《めつか》古墳という、これは墳丘の長さが一〇〇mほどの前方後方墳ですが、ここでは三角縁神獣鏡だけでも七面出ているのですが、その中には第一段階のものも含んでいますが、ほとんど第二段階のものです。第三段階や第四段階のものは全く含んでいないわけです。ですから出現期の前方後円墳と言っても、こういう三角縁神獣鏡の新しい年代研究の成果から考えなおすと、それぞれ時期差があるわけです。第一段階、第二段階の三角縁

写4　椿井大塚山古墳
（木津川市山城町椿井、古墳の後円部の西側〔手前〕と前方部の間をＪＲ奈良線が通っている）

神獣鏡しか持っていない古墳、これには西求女塚が例として挙げられる。それから黒塚のように第一、第二、第三段階の鏡を含んでいるもの。さらに椿井大塚山のように第一、第二、第三、第四段階のものを含んでいる古墳がある。それぞれ違っているわけですね。そしてこれはもうおわかりと思いますが、この第一段階、第二段階のものだけで第三や第四段階のものを全く含んでいない古墳は、やはり造営された時期が古いのだろう。まだ第三段階の鏡が出現する以前、あるいは出現していてもそれが出回るまでの間に造られた古墳である可能性が強いと考えられます。

　そういうことから、最近では出現期古墳もさらに細かくいくつかの段階に分けて考えることができるようになってきていますが、それでは西求女古墳に代表されるような、第一段階と第二段階の三角縁神獣鏡しか持っていない古い古墳は、一体いつごろ造られたものか。実際の暦の年代でいつごろであるかということはなかなか難しい問題です。ただ幸いなことに、第一段階の三角縁神獣鏡には正始元年という魏の年号銘をもった鏡が何面かあります。この正始元年というのは、ご承知の方も多いかと思いますが、邪馬台国の卑弥呼が初めて魏に使いを送ったのが景初三年、二三九年です。その卑弥呼が送った使が魏の都、洛陽から帰ってくる年、これがその翌年の正始元年、これは二四〇年です。この正始元年銘の三角縁神獣鏡の同型鏡が従来三面知られていたのですが、最近、外山《とび》（桜井）茶臼《ちゃうす》

写5　外山（桜井）茶臼山古墳（桜井市桜井）

山《やま》古墳（写5）にもこれがあることがわかりまして、全部で四面知られているわけです。それからさらにその一年前の景初三年銘の三角縁神獣鏡も、島根県の神原《かんばら》神社古墳から一面出ています。いずれにしても、この景初三年銘の鏡も、正始元年銘の鏡も、これは明らかに第一段階の鏡です。第一段階の三角縁神獣鏡の中には二三九年、二四〇年という、年号銘を持った鏡がある。恐らく二四〇年ころに作られたと考えていいだろうということになるわけです。

残念ながら第二段階以降の鏡には年号銘を持ったものは全くありません。したがってそれぞれの実年代を決めるのは非常に難しいのですが、やはり断面形の変化一つを見てもきわめて顕著な変化をしているわけですから、第一段階から第四段階までの年代幅というのは、どう少なく見積もっても半世紀くらいはあるだろうということになります。そうすると第一段階が二四〇年前後と考えてよければ、第二段階はやはり二五〇年前後、第三段階は二六〇年前後。その辺になると段々不正確になってくるわけですが、おおよそ年代の見当がつくわけです。そして西求女塚に代表されるような、第一段階、第二段階の鏡しか持っていない古墳、すなわち二四〇年前後と二五〇年前後の鏡しか持っていない古墳は恐らく二五〇年過ぎ、遅くも二六〇年頃までには造られていたと考えていいのではないかと、そういうふうに考える研究者が多くなってきています。

このように、三角縁神獣鏡の編年研究の進展の結果、出現期古墳の中でも古い段階のものは恐らく三世紀の半ば過ぎ、すなわち二五〇年代くらいと考えていいのではないかと。私もそれでいいのではないかと考えています。

箸墓古墳と邪馬台国大和説

第1章の橋本さんのお話にもありますが、こういう出現期の前方後円墳を代表するのは、奈良県桜井市の箸墓古墳、まさに纒向遺跡の中にある巨大古墳です。これは宮内庁がヤマトトトヒモモソヒメの大市墓（写6）として管理しておりまして、内部の調査は行われておらず、どういう鏡が副葬されているかわかりません。しかし、この古墳にともなう土器や埴輪が知られていまして、そういうものから検討すると箸墓古墳はやはり出現期古墳の中でも古い段階のものと考えざるを得ない。恐らくやはり二五〇年代、三世紀の半ば過ぎには造営された可能性がきわめて強いと考えられるようになってきています。

写6　箸墓古墳の「大市墓」の標示

いずれにしても、出現期古墳から大量に出てくる三角縁神獣鏡の年代研究の進展のおかげで、出現期古墳の中でも古い段階のものは三世紀の半ば過ぎまで遡るということは、ほぼ間違いないであろうというふうに考えられるようになってきたわけです。なお、こうした古墳出現の暦年代観は、三角縁神獣鏡などによる考古学的な暦年代想定ばかりでなく、最近著しく進展した年輪年代法（注1）や炭素年代の年輪補正による較正炭素年代法（注2）などの成果とも巨視的には一致しています。その点からも大きな誤りはないと考えています。

このように定型化した大型前方後円墳の出現年代が、三世紀中葉すぎでよいとすると、図1の出現期古墳の分布図に示しているような状況、もちろんこの中には、出現期と言っても、古い段階のものと新しい段階のものを含んでいますが、少なくとも、畿内大和に最大級の前方後円墳があって、それに次ぐ規模のものが吉備《きび》にあり、さらにそれより一回り小さいものが瀬戸内海沿岸各地や北部九州に営まれているというような状況は、三世紀の半ば過ぎには、もう現出していたと考えざるを得ないわけです。卑弥呼が亡くなったのは『魏志』倭人伝によりますと正始八年（二四七）かその直後であることがわかります。そして早くも二五〇年過ぎには箸墓を含めて巨大な前方後円墳が出現しています。こういう前方後円墳が出現する三世紀の半ば過ぎというのは、これはある意味では邪馬台国時代なんです。まさに卑弥呼の後継者である台与《とよ》の時代にほかなりません。そういうことから今日では、邪馬台国の所在地は、やはり大和と考えざるを得ない。邪馬台国九州説は無理ではないかというふうに考える研究者が多くなってきたわけです。

二　広域政治連合成立の契機

邪馬台国と政治連合

邪馬台国の時代というのは、邪馬台国を中心に日本列島のいくつかのクニグニが、邪馬台国の女王卑弥呼を盟主と仰いで小国連合を形成していた時代です。『魏志』倭人伝によりますと、邪馬台国を含めて全部で二十九か国が連合していることが読みとれるわけです。邪馬台国の位置が畿内と考えていいということになってきますと、少なくとも近畿地方中央部の畿内から西は北部九州に至る範囲、さらに壱岐や対馬をも含むその範囲に、邪馬台国連合という広域の政治連合が成立しているということが疑えないわけです。

政治連合と鉄の産出地

次の大きな問題は、日本列島の中央部の相当広い範囲に一つの政治的まとまりが成立する。これは大きな出来事ですが、こういう広域の政治連合というのは、一体何を契機に成立したのかという問題です。次にこういう広域の政治連合が形成された背景や意味を少し考えてみたいと思います。結論的に言いますと、私は日本列島の中央部にこういう広域の政治連合が形成されることになったのは、鉄資源の入手の問題が大きく関係してるだろうと思っています。日本では少なくとも弥生時代の後期という時期、西暦一～二世紀ですが、この段階になりますと、集落遺跡を掘っても石器はほとんど出てこなくなります。弥生時代中期の段階では集落遺跡でも大量の石器が出るわけですが、後期の段階になると石器がほとんど見られなくなる。これは本格的な鉄の時代になったことを示しています。ところが不思議なことに日本列島では弥生時代後期になっても、さらに古墳時代の前半期になっても、鉄を精錬した遺跡、鉄鉱石や砂鉄を精錬して鉄を作るわけですが、そういう製鉄遺跡というのは一つも見つからないわけです。第1章の橋本さんのお話にあるような鍛冶《かじ》工房、鍛冶の遺跡ですね、どこかから手に入れた鉄の素材を鍛冶屋がいろいろな鉄器に加工する、そういう遺構や遺跡はたくさん見つかっていますが、鉄そのものを生産した遺跡というのは、日本列島では六世紀にならないと見られないわけです。

それでは倭人たちはどこから鉄を手に入れていたのか。『魏志』倭人伝と同じ『魏志』東夷伝《とういでん》の弁辰《べんしん》の条に「国は鉄を出す。韓《かん》、濊《わい》、倭《わ》みな従いてこれを取る。諸々の市買《しばい》みな鉄を用い、中国が銭を用いるが如し、またもつて二郡に供給す」という有名な記事があります。弁辰というのは朝鮮半島で一番日本に近い朝鮮半島東南部ですが、この弁辰というところは鉄を出すのだと、韓、濊、倭は皆これを取っている。

韓というのは朝鮮半島の南の方にいた馬韓《ばかん》、弁韓《べんかん》、辰韓《しんかん》などと呼ばれる種族の人たちです。それから濊というのは朝鮮半島の東海岸でも北寄りの地域にいた種族です。それから倭というのはこれは日本列島にいた人たちと考えてよいと思いますが、この韓、濊、倭は皆、この弁辰、すなわち朝鮮半島東南部の鉄を取っている。各地の市における売買には、みんなこの鉄が用いられ、中国で貨幣としての銭が用いられてるのと同じだということが書かれています。こういう記録などからも、弥生時代から古墳時代前半期の倭人たちは弁辰、のちに伽耶《かや》と呼ばれる地域から鉄を手に入れていたということは、ほぼ間違いないだろうと思われます。

こういう弁辰、すなわち伽耶の鉄を手に入れるのに重要な役割を果たしていたのは、これは言うまでもなく、北部九州の玄海灘沿岸の伊都《いと》国とか奴《な》国の勢力であったことは間違いないと思われます。北部九州の弥生時代の終わりころの集落遺跡を掘ると相当量の鉄器が出てきます。ところが同じ時代の瀬戸内海沿岸各地や近畿地方中央部の集落遺跡を掘っても鉄器はほとんど出てこない。皆さんよくご承知のように鉄は再生が可能で、しかも非常に貴重だから捨てない。ところが北部九州ではふんだんにこの鉄資源が入ってくるものですから、比較的簡単にこれを捨てていたということでしょう。

いずれにしても、こういう鉄資源、それからこれは鉄に限らないと思いますが、それ以外の例えば中国の鏡などを始めとする先進的な文物、これを倭国に輸入するのに中心的な役割をはたしていたのが玄界灘沿岸の伊都国や奴国の人たちであったことは間違いない。したがって、それより東の地域、特に瀬戸内海沿岸や畿内の人たちが、鉄資源の安定的な確保を図ろうとすれば、どうしてもこの玄界灘沿岸地域の勢力と衝突せざる得なかった、というふうに私などは考えているわけです。恐らくそういう鉄を始めとする先進文物の輸入ルートの支配権をめぐって、玄界灘沿岸地域とそれより東の瀬戸内海沿岸各地や畿内の勢力との間に争いがあったのではないかというふうに想定しています。

中国鏡の分布状況

残念ながら現在の考古学では、畿内から瀬戸内海沿岸各地の勢力と玄海灘沿岸地域の間に戦いがあったことを示すような材料は見つかっていません。ただ、中国からもたらされた鏡の分布状況がある時期を境に大きく変わることが知られています。図2は京都大学の人文科学研究所におられる岡村秀典先生が作られた中国鏡の分布の時代的変化を示した図です。それを見ていただくと、漢鏡四期、岡村さんの編年で大体一世紀の初頭、後漢の初めくらいの方格規矩四神鏡に代表される時期の鏡は圧倒的に北部九州に集中しています。それから漢鏡五期、これは一世紀後半の長宜子孫《ちょうぎしそん》内行《ないこう》花文鏡《かもんきょう》などを中心とする鏡なんですが、これもやはり北部九州に集中している。ただしその図では近畿地方にも白丸がたくさん書いてあります。この白丸、すなわち古墳出土鏡の問題は非常に厄介で、ずっと後の三世紀後半から四世紀の古墳から一世紀の後漢の鏡が相当量出てくるんですね。これは古くからいろいろ議論があり、かつては伝世鏡論などという考え方が提唱されたことがあります。それは梅原末治先生や小林行雄先生らが唱えられたわけですが、この弥生時代の段階の畿内地方にも後漢の鏡はたくさん入ってきていたのだと。ただ畿内地域では、それをお墓に埋める風習がなかったに過ぎない。むしろそれを子孫に伝える、伝世の宝器として子孫に伝えることに大きな意味があったのだと。そういう考えなのですが、最近ではこの伝世鏡論はほとんど支持する人はいません。ただ、岡村先生は今も何とかこの伝世鏡論を再構築したいと考えておられるよう

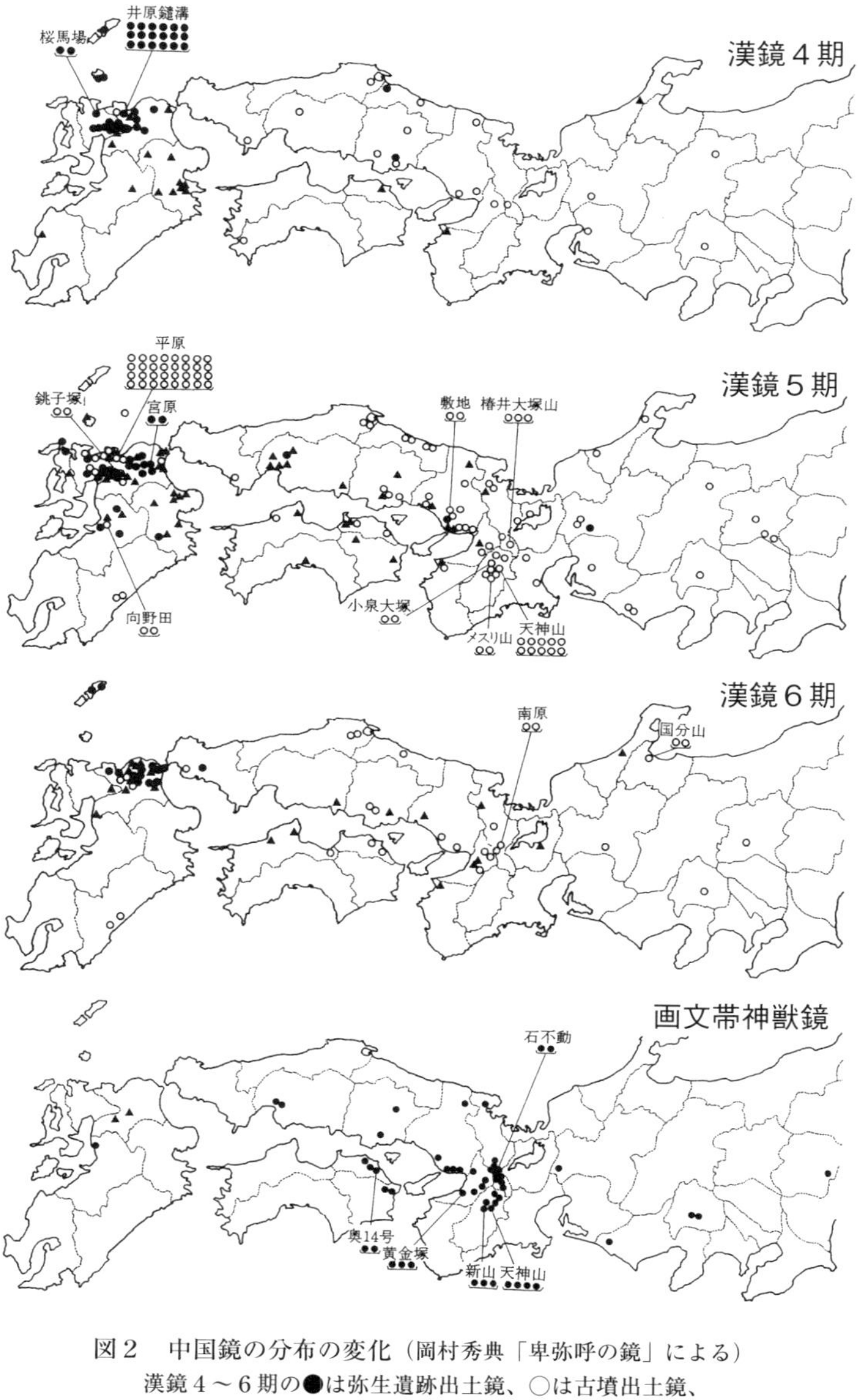

図２　中国鏡の分布の変化（岡村秀典「卑弥呼の鏡」による）
漢鏡４～６期の●は弥生遺跡出土鏡、○は古墳出土鏡、
▲は破鏡。画文帯神獣鏡の●は完鏡、▲は破鏡

です。しかし、お墓に入れる風習がなかったにしても北部九州と変わりないくらいたくさんの後漢の鏡が入ってきておれば、その破片くらいは、集落遺跡から出てきてもよさそうなものですが、ほとんど出てこないわけです。ですからこの伝世鏡論は最近ではあまり支持する人はいない。後の古墳から出てくる一世

紀の中国鏡をどう理解するか、これは非常に厄介な問題です。いずれにしても一世紀の時点では、まだ中国本土にあったのか、あるいは北部九州まではやってきていたのか、伝世鏡論者のいうように畿内までやってきていたのか、さらに最近ではこれを後世の踏み返し鏡と考える説もありますが、残念ながらよくわからない。ですからこの白丸の問題はちょっと保留しておかないと仕方がない。そうすると、この時期、確実に日本列島にもたらされていた中国鏡はほとんど北部九州を中心に分布してる。それは漢鏡六期の二世紀になってもあまり変わらないわけです。ところが岡村さんのいう漢鏡七期の第二段階、これはいわゆる画文帯神獣鏡の時期ですが、その時期になると、今度は一変して畿内大和を中心に中国鏡が分布するようになるんです。北部九州では小さな破片くらいしか出ていない。非常に大きな変化が岡村さんのいう漢鏡七期の第二段階ぐらいにあるわけです。

中国鏡の分布変化と東遷説

この中国鏡の分布の大きな変化についてはいろいろな考え方があります。かつてはこれを、東遷説で説明する研究者も多かった。邪馬台国でも何でもよいのですが、もともと九州にあった勢力がある時期に畿内地域へ東遷してきた。東へ移ってきたのだという考え方です。これは近代日本の思想家としても有名な和辻哲郎先生も主張しておられます。和辻先生は倫理学のご専門でありますけれども、日本の古代史にも大変関心を持たれ、若いころ岩波書店から『日本古代文化』という本を出しておられます。その中で『古事記』・『日本書紀』に書かれている神武東征説話などは、もちろん歴史的事実とは考えられない。考えられないけれども、のちの大和朝廷といいますか、のちの日本国家を作る中心的な勢力が西の方からやってきた。そういう事実があって、その記憶がこういう神武東征説話のようなものを生み出したという考え方です。和辻先生を始め本来九州にあった勢力が、のちにこの畿内に移ってきたと、そう考える人は少なくなく、こういう中国鏡の分布の大きな変化を東遷説で説明する人も、今でもおられるわけです。しかしながら、この説明は最近の土器の研究からちょっと無理になってきました。

これまた第1章の橋本さんのお話にもありますが、例えば纒向遺跡でも相当量の大和以外の地域の土器が移動してきています。これは纒向遺跡以外でも同じでして、いわゆる庄内式土器と呼ばれている三世紀の前半から中葉くらいの土器の時期というのは、日本列島各地で土器が活発に移動する時期なのです。土器が勝手に動くわけはありませんから、これは人の動きが非常に活発になった時期なのです。そういうことがわかってきているのですが、ただこの時期、北部九州の土器は、ほとんど瀬戸内海沿岸各地や畿内地方に移動していない。ただ、その逆は見られるのです。吉備の土器、それから数は少ないけれど畿内の土器、あるいは出雲の土器などは、北部九州に移動しています。東遷説の論者の言うようにこの時期北部九州の勢力が畿内に移動してきたのであれば、当然北部九州の土器が瀬戸内海沿岸各地や畿内に入ってきていないといけないのですが、それはほとんど見られません。

そういうことから、この鏡の分布状況の大きな変化を東遷説で説明することは、まず無理なのです。そうするとこれは何かよほど大きな出来事があったと考えざるをえない。それは先ほど私が想定しましたように、鉄資源や先進文物の入手ルートの支配権をめぐって玄界灘沿岸地域の勢力とそれより東の畿内・瀬戸内勢力が、相争い、その争いに畿内・瀬戸内勢力が勝利を治めた結果と考えてもいいのではないかと思っています。そしてその争いがあった時期というのは、中国鏡が畿内を中心とする分布に一変する画文帯神獣鏡の時期にほかならないと思われます。

画文帯神獣鏡と邪馬台国連合の成立

画文帯神獣鏡というのは後漢の終わり頃から三国時代の鏡です。三世紀前半頃の鏡です。したがって、これは恐らく三世紀の初めころ何か非常に大きな出来事があった。私に言わせれば、それはまさに三世紀の初めに、それまで鉄資源を始めとする先進文物の輸入ルートの支配権を独占していた玄界灘沿岸地域に対して、畿内・瀬戸内勢力が連合して先進文物の入手ルートの支配権を奪い取る。おそらくそういう出来事があったのだろうと。私は日本列島の中央部の広い範囲に一つの政治連合ができあがった契機というのは、まさにこの先進文物の入手ルートの支配権をめぐる争いにあったのではないかというふうに思っています。九州より東の諸勢力が安定的に鉄資源を入手するために、瀬戸内海沿岸各地や畿内の諸勢力が連合して玄海灘沿岸と戦った、と考えるわけです。そしてその時期はまさに三世紀の初めくらいと想定されます。その結果成立したのがいわゆる邪馬台国を中心とする邪馬台国連合であることは、まず間違いないだろうと私は考えています。ですから日本列島において初めて広域の小国連合が出来上がった契機というのは、まさに朝鮮半島や中国の先進文物の入手ルートの支配権をめぐる争いにあったのではないかと考えるわけです。

したがって新しく成立したこの邪馬台国連合というのは、もちろんいろいろな性格があると思いますが、一つ非常に重要な点は、鉄資源をはじめとする先進文物の共同入手機構にほかならなかったのではないか。大和の勢力をリーダーにして、それに外交権を委ね、安定的に鉄資源などを手に入れてもらって、公平に分配してもらう。そのためにこういう広域の政治連合が出来上がった。これはその後の三世紀後半以降のヤマト政権と呼ばれる政治連合になっても、そう基本的な性格は変わらなかったのではないかというふうに思います。

三　初期ヤマト政権の成立

古墳の出現は何を語るのか

こうして成立した広域の政治連合ですが、これが成立したのは三世紀の初めです。そしてそれはいわゆる『魏志』倭人伝に描かれている邪馬台国を中心とする二十九か国。本当に二十九か国であったかどうかわかりませんが、まあ三十か国ほどの小国連合が出来上がるわけです。ところが、邪馬台国連合の成立と古墳の出現とは、半世紀ほど時期がずれるわけです。先ほど申しましたように定型化した大型の前方後円墳が出てくる時期というのは三世紀の半ば過ぎのことです。

それではこういう古墳の出現というのは一体何を物語っているのかということを、次に考えなければならないわけです。これも結論を先に申しますと、私は古墳の出現、すなわち定型化した大型の前方後円墳の出現というのは、とりもなおさずヤマト政権と呼ばれる新しい政治連合の成立に他ならないのではないかと考えているわけです。

そのことを考えていただくために、図3をご覧ください。これは愛知県の埋蔵文化財センターにおられる赤塚次郎さんがおつくりになった濃尾平野、愛知県と岐阜県における古墳の編年図です。上の方が古く、下の方が新しいわけです。そこで注意してほしいのは、濃尾平野の古い時期の古墳はほとんど前方後方墳であるということです。ところが四世紀の中ごろになると、かつて前方後方墳を営んでいた各地の首長層も、大きな前方後円墳を造るようになる。これは何も濃尾平野に限らない。濃尾平野より東の地域はほとんど同じです。東日本の前期前半の大きな古墳というのは、ほとんど前方後方墳なのです。古墳時代の前期前半の時点では、畿内より西の地域では、もちろん前方

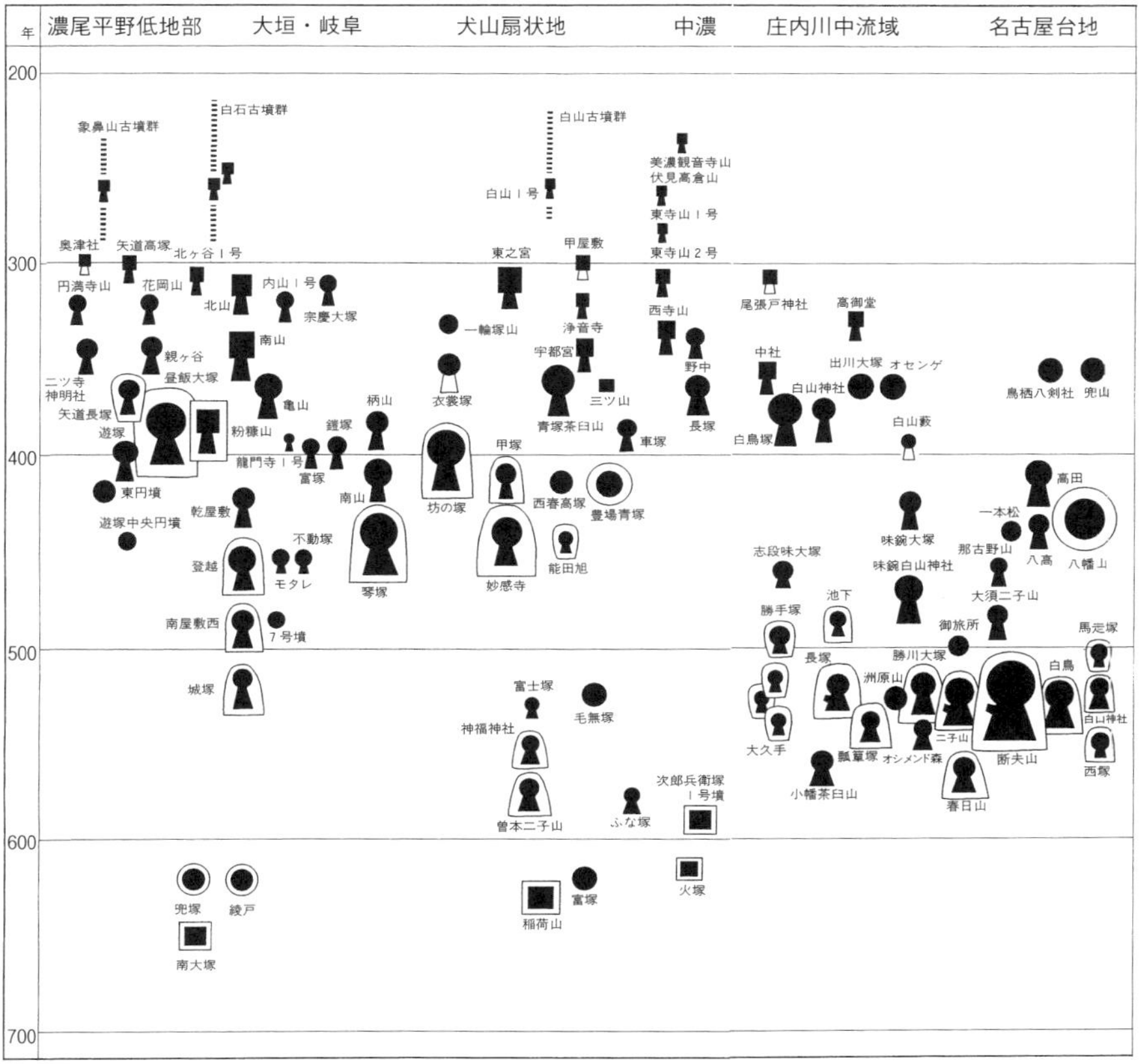

図3　濃尾平野における古墳の編年（赤塚次郎「美濃・尾張」による）

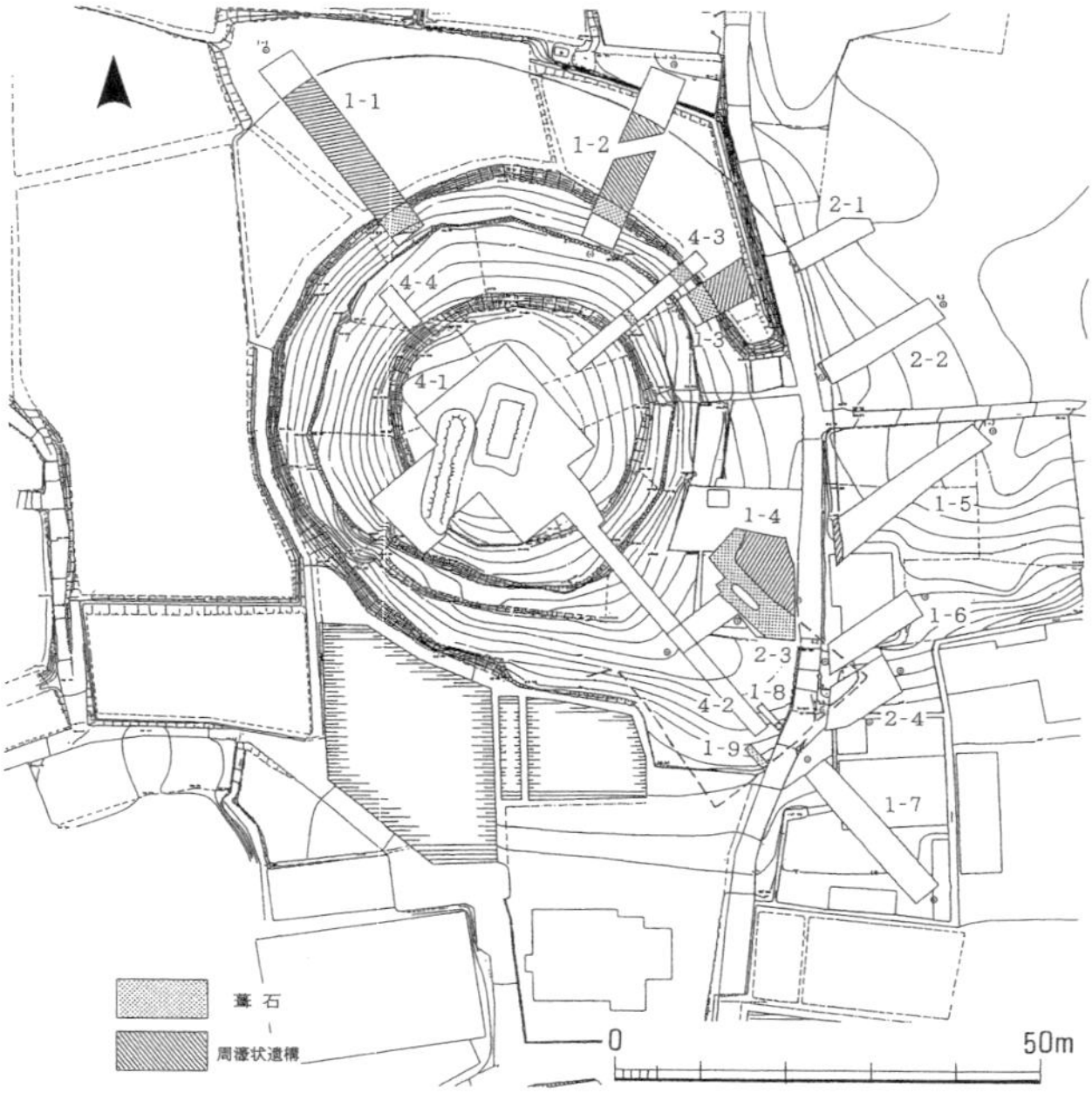

図４　ホケノ山墳丘墓図（『ホケノ山古墳調査概報』2001より）

写７　ホケノ山墳丘墓（古墳）（桜井市箸中）

後方墳もありますけれども、大きな古墳はほとんど前方後円墳なんです。ですからこの時点で見ると、西日本は基本的に前方後円墳の世界であったのに対して、東日本は前方後方墳の世界であったわけです。実はそういう状況は、古墳時代以前の弥生時代の終わりころ、まさに邪馬台国の時代にまで遡ります。

ホケノ山墳丘墓（纒向型前方後円墳）

これも第1章の橋本さんのお話にもありますが、この纒向遺跡の中に、ホケノ山墳丘墓（古墳）（図4・写7）があります。私はこれを古墳とは呼ばないで、墳丘墓と呼んでいるわけですが、これは大きな円丘に短い前方部というか、突出部が付いています。これは寺澤薫さんが、纒向型前方後円墳と呼んでおられるものです。纒向石塚墳丘墓（古墳）などもそうですが、こういうものが、盛んに造られる。これは何も大和だけではなくて、西日本各地でこういうものが造られている。これがさらに発達して箸墓古墳（写8）に代表されるような、前方後円墳になることは間違いない。ホケノ山と箸墓の年代差はそれほどないと思います。ほんの二十年前後ではないでしょうか。いずれにしても三世紀前半から中頃まで大和などではこういう前方後円形の墳丘墓が盛んに造られていた。それに対して同じ時期の濃尾平野から東の地域では、図5に尾西市の西上免《にしじょうめん》遺跡の前方後方形墳丘墓の図をあげておきましたが、こういう前方後方墳形の墳丘墓が盛んに造ら

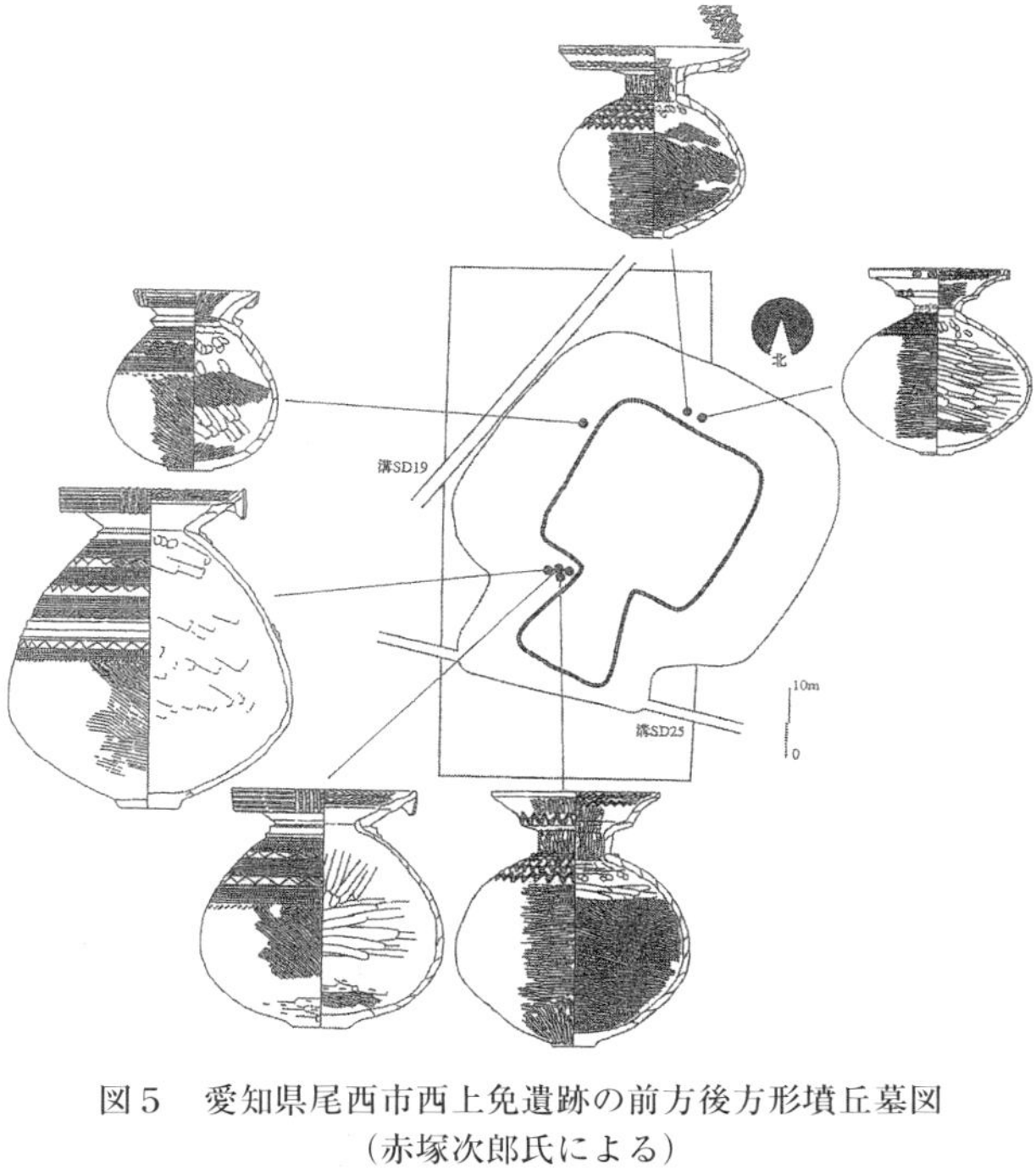

図5　愛知県尾西市西上免遺跡の前方後方形墳丘墓図
（赤塚次郎氏による）

れている。これはこの時期の北陸や中部高地、さらに関東地方にもたくさん分布しています。それはまさに三世紀の前半の時期です。ですから、この三世紀前半の西日本はまさに前方後円形墳丘墓の時代であり、東では前方後方形の墳丘墓が盛んに造られていたのです。

邪馬台国と狗奴国との戦い

『魏志』倭人伝によりますと、卑弥呼の晩年、邪馬台国はその東方にあったと考えられる狗奴《くな》国という国と戦争しています。『魏志』倭人伝では狗奴国は邪馬台国より南と書いてあるんですが、これは邪馬台国畿内説をとれば東と読みかえなければならない。畿内地域よりさらに東の地域で、畿内から北部九州を含むような広域の政治連合である邪馬台国連合と対等に戦える勢力というのは、私は濃尾平野をおいては考えられないと思います。狗奴国というのは恐らく濃尾平野にあった。そしてその狗奴国の中心部では、前方後方墳形墳丘墓が盛んに造られているわけですが、それと同じものが北陸や中部高地さらに関東地方にも広く広がっているわけです。ですから三世紀前半の西日本には、いわゆる邪馬台国連合と呼ばれる畿内から瀬戸内海沿岸各地を中心とする広域の政治連合ができあがっていたのに対し、東日本にはこの濃尾平野の勢力を中心に狗奴国連合ともいうべき政治連合が出来上がっていたのではないか。そしてそれが卑弥呼の晩年、何等かの理由で衝突するわけです。

邪馬台国と狗奴国との連合

私は狗奴国と邪馬台国というのは、必ずしも仲が悪かったわけではない。東日本の諸勢力は狗奴国を中心に一つにまとまって、恐らくは邪馬台国を通じて鉄資源などを手に入れていたのではないか。これは橋本さんのお話（第1章）にもありますように、纒向遺跡から出てくる大和以外の土器でもっとも多いのは東海地方の土器なんですね。ですから狗奴国と邪馬台国というのは、必ずしもあらゆる時代を通じて敵対関係にあったわけではないと思うんですが、それが卑弥呼の晩年、何等かの理由で衝突する。これは邪馬台国と狗奴国の戦争というよりも、邪馬台国連合と狗奴国連合の争いであったと思われます。その結果がどうなったかは『魏志』倭人伝には書かれていませんが、これはその後の歴史の流れから考えて邪馬台国連合の勝利というか、あるいは邪馬台国連合側の主導による和平に至ったことはまず間違いないと思われます。ということは、この東日本の広大な地域も邪馬台国連合に加わることになるわけですね。倭国連合の版図が飛躍的に拡大するわけです。

新しい政治連合、ヤマト政権の成立

もちろん、この時期の邪馬台国連合にしても狗奴国連合にしても、面的に西日本や東日本全体を包括するようなものではなくて、多分に線的な結びつきであったとは思います。それにしても、広大な東日本地域の狗奴国連合が西方の邪馬台国連合と合体することになるわけです。そうするとそれ以前のような政治連合の政治体制ではやっていけない。当然そういう広域の政治連合の秩序を維持するための新しい政治連合のシステムというか政治秩序を作りなおさなければならないということになる。私は恐らくそういう新しい政治連合の政治体制の整備の一環として、こういう古墳というものが生み出されたのではないかと考えています。政治連合に加わった各地の首長たちが、その政治連合の中での身分秩序に応じて、大小さまざまに古墳を造るというような形が出来上がったのではないかと。そしてその際、新しくこの倭国連合に加わった東日本の首長たちに対しては、東日本で伝統的に造られていた前方後方形墳丘墓の流れを汲む、前方後方墳を造らせたということではないかと思います。いずれにしても、三世紀の中ごろ、卑弥呼の死とほぼ時を同じくして、東日本の広大な地が、西の倭国連合、すなわち邪馬台国連合と合体することになった。

ですから私は、三世紀前半の邪馬台国時代というのは、西には邪馬台国連合、東には狗奴国連合が併存していた時代ととらえています。それが三世紀中頃に一つの大きな政治連合になる。そこに大きな画期を求めたいわけで、まさにヤマト政権の成立というのは、卑弥呼の死とほぼ時を同じくして、西の邪馬台国連合と東の狗奴国連合が合体して、ヤマト政権という新しい、さらに広域の政治連合ができあがることになったのではないかと考えています。

弥生時代から古墳時代へ

皆さんよくご承知のように、弥生時代という時代は、日本列島で水田稲作農業を中心とする生産経済が始まる時代です。そして各地で小さなムラムラが生まれ、それがお互いに相争ってより大きなムラが小さなムラムラを併合していく。そして各地にクニと呼ばれるような、政治的まとまりが出来上がる。そしてそれがお互いに平和的にあるいは、戦争の結果かわかりませんが、統合されていく。政治的な統合が次第に進展していった時代であることは疑いないでしょう。

弥生時代というのは、まさに政治的統合が進展した時代にほかなりません。したがって邪馬台国時代というのはそういう政治的統合が進展していった弥生時代の最終段階で、東の方には狗奴国連合、西の方には邪馬台国連合という大きな政治的まとまりができあがっていた。それが三世紀中頃に一体化して、日本列島の中心部がはじめて一つの大きな政治的まとまりを形成する。それがヤマト政権にほかならないと、そう考えているわけです。

そういう意味から邪馬台国の時代は弥生時代の最終段階として理解するのがよいのではないかと思います。西の邪馬台国連合と東の狗奴国連合が一体化して、少なくとも東は関東から西は九州に至る、日本列島の中央部が、一つの政治的まとまりを形成した時代。それを古墳時代と理解するのがいいのではないかと思っています。その意味からも、箸墓古墳（写8）に代表される定型化した大型の前方後円墳の出現をもって古墳の成立と捉え、邪馬台国時代の纒向石塚やホケノ山（図4・写7）は弥生時代の墳丘墓とするのがよいのではないかと考えています。

写8　箸墓古墳（左後方の山は三輪山）

写９　西殿塚古墳（天理市中山町）

写10　行燈山古墳（崇神陵・天理市柳本町）

写11　渋谷向山古墳（景行陵・天理市柳本町）

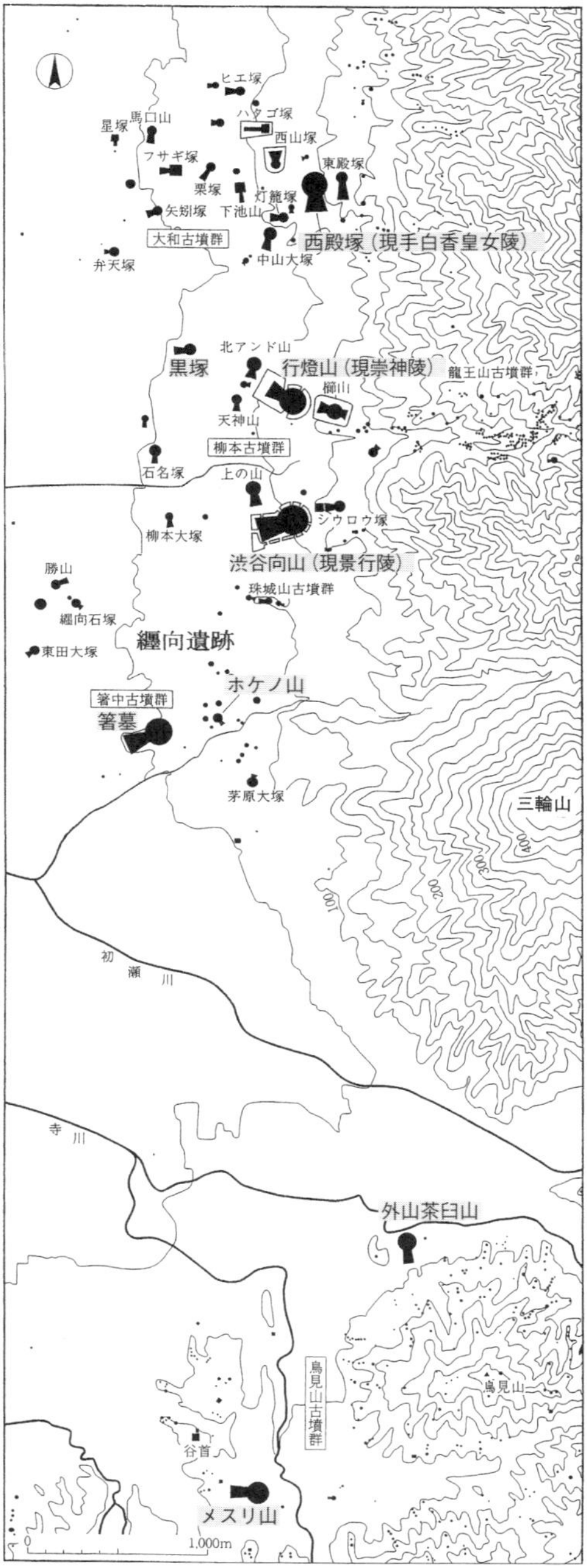

図６　奈良盆地東南部における大型古墳の分布

四　邪馬台国から初期ヤマト王権へ

大型前方後円墳と倭国王

それで最後に今回のテーマですが、邪馬台国から初期ヤマト王権へということで、邪馬台国と初期ヤマト王権との関わりについて、少しお話しておきたいと思います。図６をご覧ください。これは奈良盆地の東南部、三輪山の西の麓から、その南・北の地域です。いわゆる山辺の道の周辺からさらにその南の地域における大型古墳の分布図です。その右寄りの真ん中にあるのが三輪山で、その西北の麓にあるのが、纒

写12　黒塚古墳（天理市柳本町）

写13　外山（桜井）茶臼山古墳（桜井市桜井）

写14　メスリ山古墳（桜井市上之宮）

向遺跡です。そしてその纏向遺跡の範囲には、箸墓古墳あるいはホケノ山墳丘墓さらに纏向石塚墳丘墓など纏向古墳群と呼ばれているものとか、一部渋谷向山古墳（現景行陵・写11）なども含むというふうにとらえられています。

いずれにしてもこの纏向遺跡の北の方から南の方にかけて大きな古墳が点々と営まれています。そして特に墳丘の長さが二〇〇mを超えるような大きな前方後円墳が、六基あります。その中で一番大きなのは、その真ん中より少し北、現在宮内庁が景行天皇陵に決めています天理市の渋谷向山古墳（写11）、墳丘長は三一〇mぐらいです。一番小さいのは、先だって橿原考古学研究所が再調査をいたしました桜井茶臼山古墳（写13）、わたしは外山《とび》茶臼山古墳と呼んでおりますが、これが二〇〇mぐらいです。いずれにしてもここに二〇〇mから三〇〇mクラスの大前方後円墳が六基あるわけです。そしてそれはそれぞれ造営時期が少しずつずれております。一番古いのが箸墓古墳（二八〇m・写8）で、二番目は北にある西殿塚《にしとのづか》古墳（二四〇m・写9）、三番目は南へ下って外山（桜井）茶臼山古墳（写13）、四番目はさらに南のメスリ山古墳（二五〇m・写14）。それから五番目は北の柳本古墳群の行燈山《あんどんやま》古墳（現崇神陵、二四〇m・写10）。それから六番目が渋谷向山《しぶたにむかいやま》古墳（二五〇m・写11）。そしてそのうち一番古い箸墓が恐らく、三世紀の半ば過ぎ、私は二五〇年代と考えています。それからこの中で一番新しい渋谷向山古墳が恐らく四世紀の中ごろだと思います。大体一〇〇年ほどの間に六基の巨大な前方後円墳が造られている。それぞれ時期が少しずつずれているわけです。そして日本列島中見渡しても、この時期、これほどの規模の大きな前方後円墳はほかにどこにも見当たりません。したがって、私はこの六基の大型前方後円墳は間違いなく、初期の倭国王、のちに大王、さらにのちに天皇と言われることになる、初期の倭国王の墓であると思っています。

箸墓古墳と卑弥呼

そのうち一番新しい段階の渋谷向山古墳と行燈山古墳ですが、これは現在、渋谷向山については宮内庁が景行天皇陵に、それから行燈山については崇神天皇陵に決めているわけです。時間がないので今日はくわしくお話しできませんが、私はこの行燈山が崇神陵であり、それから渋谷向山が景行陵である蓋然性はきわめて高く、特にこれを疑う理由はないのではないかと思っています。要するにこの六代の倭国王墓のうち最後の二代のうちの行燈山古墳は、『古事記』『日本書紀』が伝えている王統譜の中で、少なくとも学問的な立場から最も遡ると考えられている崇神天皇ですね、崇神天皇はハックニシラススメラミコトと呼ばれていますが、そのお墓である可能性が高いものです。その次の渋谷向山古墳も景行陵である蓋然性は否定できないわけです。そしてこの六基の倭国王墓のうち一番古いのが箸墓古墳（図7・写8）に他ならない。これは先ほども申しましたように三世紀中葉すぎのもので、私はこれが卑弥呼の墓である蓋然性は極めて高いと考えています。残念ながら考古学では墓誌でも出ない限り、それが

図7　箸墓古墳図

（『国立歴史民俗博物館研究報告第3集』1984に一部加筆）

誰の墓であると決めることはできません。これはあくまでも可能性、蓋然性の問題です。けれども、私は、この箸墓の年代が二五〇年代でも終わりころだと思いますが、卑弥呼の死が二五〇年ないしそれより少し前ですね。倭人たちがこんなに巨大な前方後円墳を造るのは初めてのことですから、当然その造営には十年くらいかかっていた。そうするとむしろ年代的にはピタリ合うわけです。そういう意味から箸墓が卑弥呼の墓である蓋然性は極めて高いと思っています。

卑弥呼からヤマト政権へ

箸墓古墳を卑弥呼の墓と考えてよければ、それに次いで作られた二代目の倭国王墓である西殿塚古墳(写9)、これが卑弥呼の後継者である台与《とよ》の墓である蓋然性は、これまたきわめて大きいと思っています。さらに『古事記』・『日本書紀』に伝えられている崇神あるいは景行天皇のお墓はこの六代の倭国王墓のうち最後の二代がそれにあたる可能性が大きいわけです。そういう意味では、初期ヤマト王権の王墓というのは、邪馬台国時代からそのまま繋がってきているんだということが、おわかりいただけるのではないかと思います。

ただし、初代の卑弥呼の生きていた時代は、まだヤマト政権(私は、ヤマトの勢力を中心に形成された汎列島的な広域の政治連合を「ヤマト政権」、その中枢を構成した近畿中央部の政治勢力ないし王権を「ヤマト王権」と呼び分けています)は成立していません。卑弥呼の生きていた時代は、東方には狗奴国連合という大きな政治的まとまりがある。両者はまだ統一されていないわけです。ところが卑弥呼の死とほぼ時を同じくして狗奴国連合と邪馬台国連合が合体し、ヤマト政権と呼ばれる新しい政治連合ができ上がります。箸墓の造営というのは、そういう意味で非常に大きな意味を持っている。これは新しくヤマト政権を打ち立てた人たちが、大きな宗教的権威で邪馬台国連合を維持していた、この卑弥呼の宗教的・呪術的権威にあやかろうとした。卑弥呼が死後もこの新しく成立したヤマト政権を守護してくれることを願って、最初の大型前方後円墳として卑弥呼の墓を造営したと考えられないか。言い換えれば、古墳の出現というのは、邪馬台国連合と狗奴国連合の合体による初期ヤマト政権の成立と、それからもう一つはこの卑弥呼の死という二つの大きな出来事を契機として、こういう新しい古墳が生み出されたのではないかと考えているわけです。

いずれにしても邪馬台国の問題というのは遠い大昔の話であることは事実ですが、実はそれが日本の国家の起源そのものとも関連する、非常に重要な問題でもあるわけです。さらに現在の日本でも、一定の社会的役割を果たしている天皇制の問題ともどこかでつながっている。邪馬台国問題は、われわれ日本人にとって大切な問題で、日本の国家の起源や天皇制の問題とも決して無関係ではないと思います。本章でお話しした私の説が成り立つかどうかは別にしても、そうした点をご理解いただければ私の役割は果たせたのではないかと思います。

《注》

1　年輪年代法　年輪の幅はその年の気候条件によってそれぞれに異なる。暦年代の明らかな樹木を出発点に年輪幅の変動パターンを作成し、これとの比較によって遺跡出土の木や木製品の年代を求める方法。最終年輪の残る資料がえられれば、その伐採年代が一年単位で正確に求められる。

2　較正炭素年代法　動植物の体内の放射性炭素14は、死後時間とともに減衰する。遺跡出土の生物遺体に残存する炭素14の濃度から、その生物が生命を失った年代を求める方法を炭素年代法という。ただ過去の大気中の炭素14の濃度は必ずしも一定ではない事が明らかになったため、年輪年代法などで正確な暦年代の知られた資料を炭素年代法で測定し、その較正（補正）のためのデータベースを整備し、これによってその年代を較正する必要がある。

〈座談会〉

第３章

邪馬台国からヤマト王権へ

——纒向遺跡は何を語るのか

司会　坂井　秀弥
白石太一郎
橋本　輝彦

写１　会場の奈良大学講堂壇上（左から　坂井、白石、橋本の先生方）

纒向遺跡の調査成果

司会　坂井　本日は大変たくさんのみなさんにおいでいただいております。邪馬台国《やまたいこく》がどこにあったのか、そして大和政権との関係はどうなのかといった問題は、日本の歴史においては、もっとも広く知られており、かつ重要な課題であるということを、あらためて主催者として再認識した次第です。

さて、本日のお二人の話ですが、まず橋本先生からは、二十年間纒向《まきむく》遺跡の調査に取り組んできた立場から、巨大な遺跡の全貌をつかむには、まだ十分ではないということですが、遺跡は大きくみて二つの時期、前半と後半に分けられるそうで、今回注目された建物跡が見つかったのは、その前半期、考古学上の土器型式で言いますと「庄内式《しょうないしき》」という名前の居館、あるいは客殿、いずれにしても中枢部が発掘調査されたというお話でした。橋本先生の報告につきましては、そのあとの白石太一郎先生のお話の中で、さらに鮮明になったと思います。

私が大学で学んだ今から三十年以上前は、古墳時代の始まりは、三世紀の終わりか四世紀の初め、西暦で言えば三〇〇年前後と教えられました。白石太一郎先生のお話では、ここ三十年間の成果を丹念に辿りながら、古墳の年代というものが三〇〇年前後ではなくて五十年ほど遡ることが明らかにされました。その根拠としては、鏡の詳細な研究に裏付けられた成果による年代、そしてまた、戦後四十年ほどの間、全国各地でさかんに発掘調査がされてきて大きな成果があげられました。実は日本においては発掘調査がたくさん行われています。世界中でも一番熱心に発掘調査をしている国です。その調査を誰が担当しているかというと、地方の都道府県であるとか市町村に在職している専門職員、考古学者の方々、今日お話しになった橋本さんもそのおひとりですが、懸命に遺跡の発掘調査をしてきました。そして土器の研究、型式編年というものを丹念に積み上げて、土器の相対年代を決める土器型式の順番を明らかにしてきました。

三世紀の前半が邪馬台国の時代に当たるという話がありましたが、こうした絶対年代につきましても、ここ二十年くらいの間、年輪年代の研究もかなり進んできて、弥生の年代がかなり遡るという話になっていることは皆さんご存じのとおりです。そうした中で古墳の開始年代も鏡の研究と相まって遡るということが明らかとなって、それが三世紀半ばに亡くなったと考えられる卑弥呼《ひみこ》の年代に合致することがわかってきました。それにより邪馬台国と古墳の成立が結び付いて論じられることになりました。また、それは全国各地でも古墳の調査が進んで、その年代や序列などの研究が詳細に積み重ねられてきたことの大きな成果だと思います。私自身、日本の文化財行政を身近に見てきた立場からすると、大変感慨深いものがございます。

　まず、橋本先生が今回発掘された神殿あるいは宮殿といわれる遺構の評価について少し考えてみたいと思います。次に古墳の始まりやヤマト政権との関係について、纒向遺跡の近くにあり、同じく桜井市にあります箸墓《はしはか》古墳について周辺の調査成果も含めて触れたいと思います。箸墓古墳は最近、卑弥呼の墓であるという見解が広く言われております。そして、最後に今後の纒向遺跡・箸墓遺跡の展望についてもお聞きしたいと思います。

　まず、今回の調査地点ですが、第1章に地図が出ております（図1）。最初の纒向遺跡の発掘調査は、実は昭和四十六年です。奈良県教育委員会（当時）の石野博信先生（現兵庫県立考古博物館長 奈良県香芝市二上山博物館名誉館長）が調査を担当されました。それではじめてすごい遺跡だということがわかったんです。先ほど話があった通り県営住宅の建設がされることになり、遺跡が壊れてしまうので発掘調査をしたということです。その際得られた成果はすごい厚さの報告書として出されました。私がたいへん感動した報告書です。こうした長い経緯があるわけですが、今回なぜあの地点に着目して、調査の鍬《くわ》を入れたのか。この調査の目的として保存をしたいという話がありましたが、その辺について、まず橋本先生の方から話を伺えればと思います。

橋本　はい。第1章の報告とも若干重複すると思いますが、口絵の図1と九二頁の図1をご覧ください。第一には坂井先生がおっしゃいました、昭和

写真2　現在の建物群跡地
（纒向遺跡辻地区・ＪＲ桜井線
巻向駅ホームから二〇一三・四）

図1　調査地位置図
（桜井市2010より）

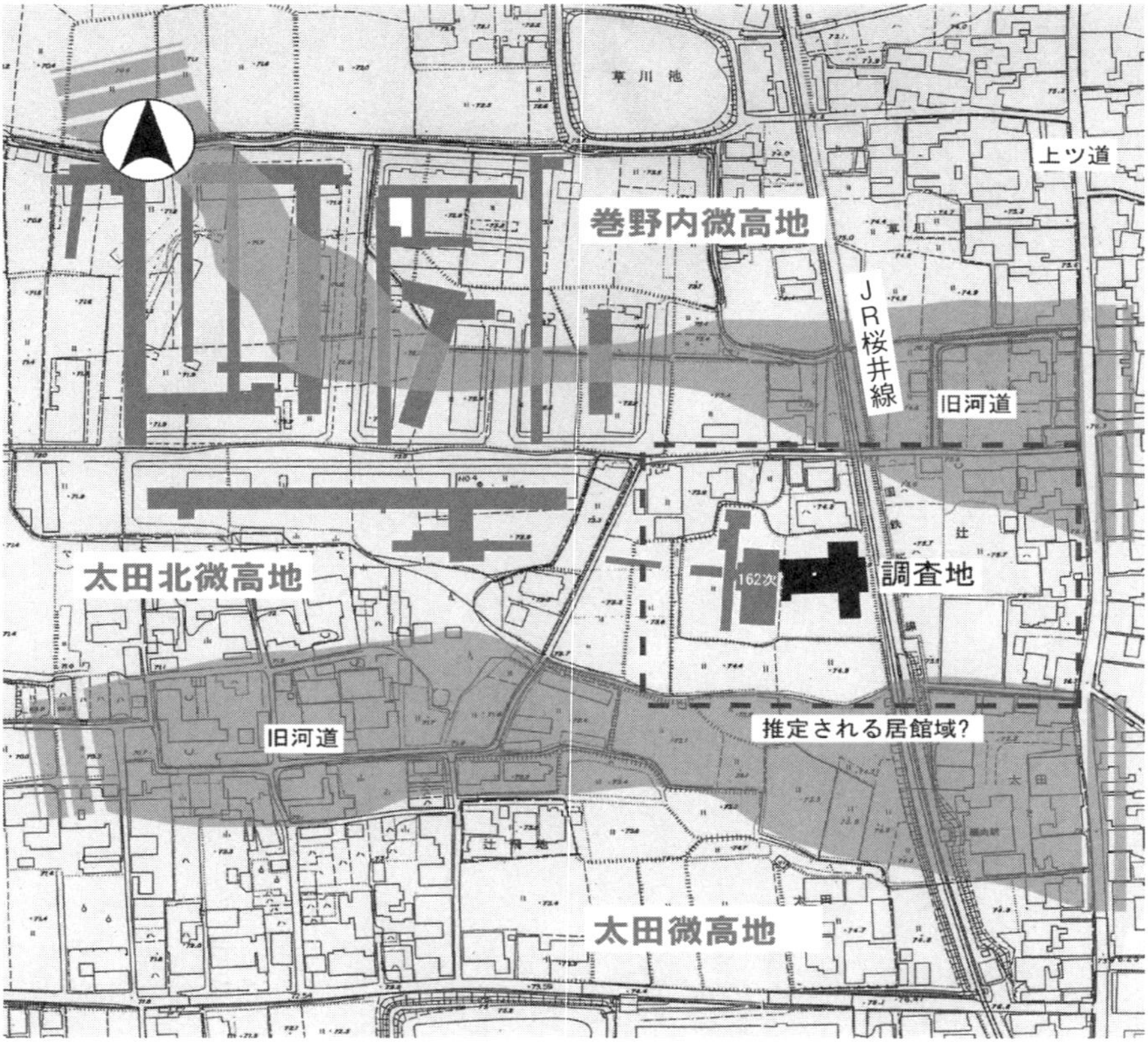

四十六年の一番初めの纒向遺跡の調査の時に大規模な祭祀土坑群が今回の調査地のすぐ西側に展開していることが判明しています。これらの祭祀土坑における「マツリ」の対象は纒向遺跡一集落のみの小さなレベルのお祭りではなくて、当時の日本、倭国と言った方が良いのかも知れませんが、非常に広い地域に対してヤマトの政権が行ったものではないかと考えられておりまして、こういった祭祀土坑群の存在や、今回の調査地の南西地域にはベニバナ染めの工房跡が推定されるようになってきていること、そして、先にお話しいたしました昭和五十三年に確認されている神殿状と言われる建物、こういったものの存在が、私どもがここを調査することに踏み切った大きな材料となっています。

なお、今回の調査地点について、当時は纒向遺跡の前期・後期という概念ではとらえられておりませんでしたが、実はかなり早い段階、神殿状建物が調査された時点で寺澤薫先生（現桜井市纒向学研究センター所長・奈良大学講師）は周辺が纒向遺跡の中心地になるのではないかとの指摘をされておられますし、これに先立って石野博信先生は祭祀土坑群の調査をされたときに、調査地周辺になんらかの方形の区画があるのではないかということを既に指摘をされています。

この方形区画、実は私が示した居館推定範囲とは少し違うのですが、当時石野先生は『万葉集』に出てくる歌人として有名な柿本人麻呂《かきのもとのひとまろ》が住んでいた屋敷跡がここにあるのではないかとお考えになったようです。というのは周辺には人麻呂屋敷などの小字名が残り、地元でもその伝承があることや、実際に人麻呂の歌の中には巻向《まきむく》山、痛足《あなし》川（穴師川）などの纒向の地名を盛り込んだ歌があったこと、そして纒向遺跡の調査が開始された昭和四十六年、あるいは報告書が刊行された昭和五十年度の時点では、三世紀の段階に今回想定したような方形区画というものがあるのか否かということは全くわからなかった段階でしたので、地形から方形区画が読み取れたとしても、まさか三世紀のものとはお考えにならなかったのではないかと思われます。ただし、やはり地形からは時代はともかくとして、何か居館というもののの存在をうかがわせるものがあったということでしょう。

このように調査地周辺での過去の調査成果には先の調査担当者の方々がさまざまな指摘をされたように、居館の存在を推定させる幾つかの要件があり、これらの調査・研究の成果のおかげで今回の調査に入ることができたということになります。

坂井 実は平成二十年度の調査において計画的で企画性をもった建物が出て、大変大きな発見だ、と報道されました。三四ページの図6をみていただきますと、横の左半分の方に発掘した範囲に建物Bというものがあって、それを左に突き出している形で柵があるという復原がされておりました。この時、わたしはこれだけでは、果たして建物としてどの程度の評価ができるものかと正直思いました。しかし、その続きを今年度掘って、東西の軸線が存在して、それにのった企画性を持った建物がピッタリ出てきたわけで、そのことに大変大きな驚きを覚えました。昨年度からの一連の調査は、昭和五十三年度に調査された建物がきっかけであったというお話がありました。

日本では建物は木からできております。木は埋もれてしまうとほぼ全部腐ってしまうので、発掘調査でその痕跡を確認するために、土の色合いや質を見て丹念に調べて、はじめてどこに建物の柱を建てられていたかがわかります。その痕跡がこのような図面で書かれているわけですが、それは調査の時ちょっと気が緩んでいれば見落とすくらいのものです。それをよく見逃さずに調査したこと、しかも、それがかなり前のことでありながら、しっかりと教育委員会の調査員の中に受け継がれて、この調査に挑んだということが、大変大きく評価できることだと、改めて思っております。

それで、図面に今回見つかった建物Dがアミ掛けで示されておりますが、はっきりと柱が見つかっている部分と、そうでない部分がみられます。左側半分は柱の遺構が残ってないところですが、こういう状態にもかかわらず、この建物がこのようになぜ復原できるかということ、それからこれの建物がなぜ庄内式、つまり三世紀前半頃から中頃のものかと推定できるかということを、あらためてご説明をお願いします。

建物復原案からの想定

橋本　はい。少し細かな話になってしまうのですが、まず一つめの建物Dのプランを復原した根拠は、先ほどの報告では柱の穴の状態とかいろんなものを検討しましたということで、さらっと流してしまいました。建物の西半分が削平されている状況下で、建物の棟通りという中心線を見つけることができるのかどうかということが建物の復原を大きく左右するのですが、これにはかなり苦労しました。三四ページの図6をよく見ていただきたいのですが、実は、柱穴の掘り方に規則性があるということに現地調査の中で気がつきました。建物Dの南端の二本の柱穴は、柱穴の平面プランが東西に長い柱穴となっているのに対して、それよりも北側にある柱穴は、正方形に近いか、あるいはやや南北に長い平面プランをもっています。そして、逆の一番北側ですね、三四ページの図6では一番上、例えば北東の隅の柱穴などは東西に長い柱穴であるということが、わかっています。そして、その一本西側の柱穴。これは調査途中の図面ですので、どちらに長いかがよくおわかりいただけないと思うのですが、これもやや東西気味に長いということがわかっています。この様な状況から、柱穴の断面の検討では柱の建て方に一定のルールがあるということがわかりました。例えば建物南端の二本の柱穴は、大きな、太さが三三センチくらいの柱をですね、東側から引きずってきて、そして柱の先端を穴にひっかけて立ち上げるという方法で建てられているということが想定されます。建物中央部のものに関しては南から、あるいは北から柱を引っ張り込むという柱の建て方が想定されているのですが、北端柱穴の東側から三本目。残っております中では最も西側にある、この柱穴は南北に長いものでした。建物の一番外まわりの柱穴としてはこの一本だけが唯一南北に長いという特徴を持っています。断面の確認からは後に柱を引き抜くときに、もともとの穴の埋土がえぐられてしまったとみられ、実際にはどちら側から柱を引っ張りこんだのかというのは、確認できてないのですが、恐らくこの平面プランを見る限り、北側から、柱材を横にして引っ張ってきたものを、穴にひっかけて建てるということを、やっているのだろうと判断しています。この柱穴が唯一、平面プランが違うということを考えれば、建物の棟通りという一番中心を貫くラインで棟木を受け止める、棟持ち柱が、北端柱穴列の東から三本目の柱にくる可能性が高いのではないかと考えました。このような現場の調査状況から、この柱穴のラインを建物の中軸線として想定したという事です。

そのあたりのデータとか材料を、クロスチェックするために建築をやっておられる複数の先生方に対して建築学的に、東西二間と考えた方がいいのか、あるいは三間なのか、四間なのか、五間というのは、屋根が建物Cとぶつかりますので、難しいのですが、何間とするのが一番自然な形となるのかおうかがいしたところ、やはり建築学的な見地からは東西柱間が四間というのが一番無理のない考え方であるというご意見を多くいただきましたので、私どもの現地調査の状況と建築学的な見地、それを双方合わせる形で、今回の平面プランを復原するに至っております。

そして第二に建物の時期ですが、建てられた年代に関しては、これまでの調査で検出しております建物群や柵状の柱穴列は、すべてが人工的に造成された整地土の上に建てられており、この整地土の中から出土する土器や、整地土の下に存在する遺構の時期からその年代を推定することができます。今は遺物の整理途中ですのではっきりとした年代は出しづらいですが、概ね庄内式の早い段階、三世紀の前半でも前の方の時期には建物を建てるために造成が行われたのではないかと想定しています。

また、廃絶の時期については先に報告をした柱の抜き取り穴から出土した土器のほかに、建物群が何カ所かで後世の遺構によってその柱穴の一部が削平を受けているということが手がかりとなります。例えば今回の建物Dですと北東隅の柱穴はSD—1007(注1)という、布留0式期ころの遺構と考えられている溝に切られており、建物の廃絶時期は布留0

式期を含めてそれ以前のものであるということが言えますし、昨年度に調査で検出しております建物Ｂや C、そして柵状の柱穴列などはＳＤ―２００１という庄内３式期埋没の溝に切られるという事が確認されており、庄内３式期を含めてそれ以前の三世紀中頃には建物が廃絶していたということが確認されています。

坂井　遺跡の発掘調査は、今お話しがあったとおり、まず現地で土を丹念に見て、どこに人が手を加えた跡があるか、柱を建てた跡があるかということを追っかけていくわけです。

今、ご説明があったとおり、柱が建っている穴でも真ん中と端では、穴の形や大きさが違う、とかいう点を細かく見て判断しているわけです。それから建築学の専門家は、こういった柱の配置があれば、この上にはどのような構造の建物が想定できるかということを、いろいろな建築遺構の知識を踏まえて復原しているということなのです。一般の方からは遺跡を造ってるのではないかという声を聞くことがありますが、そうではありません。それから今日お話を聞いて思うのは、やはり二十年間同じ遺跡を地域に根差して調査していることの強みです。いくら偉い大学の考古学者でもはじめてここを発掘したら、このような成果は上がっていません。

今回、見つかった建物遺構については、建築の黒田龍二先生から復原案（カバー・扉写真）が提示されています。白石先生にお願いしたいのですが、このような復原がなされている建物については、邪馬台国や卑弥呼ということが言えないまでも、どのような性格を考えたらよいでしょうか？

白石　私、建築のことは全く素人でわからないのですが、今回の一番立派な建物Ｄの復原は、神戸大学の黒田龍二先生が、一つの案をお示しになっているわけです。そしてさらに、その用途といいますか、性格についても検討しておられます。この建物は正面も四間です。正面四間というのは、正面の中央に柱がくるわけですね。これはこの種の建物としては特異なわけです。それと同じようなものに出雲大社の本殿がある。これは二間×二間なんですが、やはり正面真ん中に柱がくるわけです。黒田先生はそれを一つの出発点にされて、この建物については出雲大社の本殿との比較などから、やはり神を迎えて祭祀を行う場、ここの中で祭祀が行われた。そういう性格の建物と考えるのがいいのではないかと、お考えになったわけです。

さらに出雲大社の本殿に比べますと、今回の建物Dは大きいわけです。これは単に司祭者がそこで祭祀を行う場にしては、大きすぎる。そういうことから黒田先生は、これは祭祀の場であると同時に、司祭者の住居をも兼ねたものではないかというふうに想定されたわけです。

先に申しましたように、私は建築のことは全くわかりませんが、黒田先生の考証の過程は、きわめて説得的でわかりやすい。

『日本書紀』の崇神六年の条によると、それまで天皇の大殿《おおとの》の内に祀っていたアマテラス大神とヤマトノオクニタマの神を「共に住みたもうに安からず」ということで宮中から外に出したといいます。もちろんこれは歴史的事実とは到底考えられませんが、しかし非常に古い時期に王の住まいでカミを祀っていた段階があって、王の住まいが祭祀を行う場でもあった事実を物語っている可能性は強いと思うんですね。そういう意味で黒田先生の建物Dの用途といいますか、性格に関する考証は非常に面白いと思いますね。

それから建物Cは、これは伊勢神宮の本殿に近い建物で、これを宝庫と考えておられます。これについては、私には何とも言えませんが、いずれにしても黒田先生は、はっきりと根拠を示して、興味深い想定をしておられるわけです。私は特に建物Dの評価は当たっているのではないかと思います。

建築については素人ですので、今後建築の専門家の中での議論を見守りたいと思います。

＊注1　「SD－1007」は、発掘された「1007」という番号を付された溝の遺構の意味。

遺跡の遺物から何がわかるか

坂井　この建物は祭祀の場であり、かつまたここで居住していたということも考えなければならないという、建築学の立場からの検討についてご紹介をいただきましたが、橋本先生、実際に発掘の成果からするとどのように考えられますか。普通に考えると、生活しているところであればいろいろな物をそこに捨てると思うのですが。この点はいかがでしょうか？

橋本　はい。今回の調査地では二年にわたって調査をさせていただいているのですが、建物が建つ前の地層からは遺物がたくさん出てきますし、建物が建てられたベースになっている整地の土、整地層からも遺物はたくさん出てきます。ただし、建物群が建っているときの環境はと申しますと、周りに穴があって、そこに遺物（ごみ）が捨てられているとか、遺構面にたくさんごみが捨てられているとか、排水のための溝がたくさん掘られているのかといいますと、そうではなくて建物が建っているときというのは建物の遺構しかない。そして遺物もほとんど出てこないという特徴があります。建物の規模からして恐らくは高いランクの人間が、そこに住まいをしていたのだろうと考えていますので、建物群のエリアの中は常に清められている環境にあったのかなというイメージを持っています。そこで、このようなイメージを飛鳥京・藤原京なんかを調査されています橿原考古学研究所や奈良文化財研究所の方々にお話しをしましたら、やはり宮域の調査のときには割れた土器などのごみがほとんど出ない傾向が強いとおっしゃっておられましたので、そういうところからも、やはりここが、特殊な空間であって、いつも清められていたということが言えるのではないかなと思っています。

坂井　建築の観点からの検討も、現場の状況もある程度整合しているようだということだと思います。

今後の調査課題

坂井　今後の、調査が大変楽しみなところですが、来年度からはどんな計画をお考えでしょうか。

橋本　細かいスケジュールを明かしますと、現地に人が殺到して近隣にご迷惑がかかるので、あまり言いたくないのですが……。

坂井　差し支えない程度でお願いします。

橋本　これまでの調査では、どちらかといえば居館域の中でもより中心に近い大きな建物を先に当ててしまったという感じですので、一つは周辺施設の構造を明らかにしていきたいと考えています。例えば建物Bの西側にあります柵状の柱穴列ですね、これが果たしてどう展開していくのかということ。そしてもう一つは建物Dの南側に建物が廃絶したときに捨てられた遺物が投げこまれているのじゃないかなと考えている。穴のようなものの存在が確認されていますが、今年の調査ではこれらの調査を行って、なんとか居館に関する手がかりを遺物の面からも得たいなと思っております。そういう意味ではこれからの調査は建物群周辺の構造がどうなっているのかということを少しずつ解明していく調査が主になっていくものと思われます。

箸墓古墳は卑弥呼の墓か

坂井　皆さんと共に静かに見守りたいと思いますので、よろしくお願いいします。

もうひとつの大きなポイントは箸墓古墳にあると思います。ここまでの討論で邪馬台国が近畿地方にあって、しかも纒向遺跡にあったかのような話になりつつある感じもします。

どうでしょう、この会場で近畿説だという方は、ちょっと手を挙げてみていただけますか？　別室にも、百人くらいの方がおられるんですが、ありがとうございます。かなり多数の方が近畿説を応援していただいているようですが。いやいや、そんなに簡単に決まったわけじゃないと、九州説だとお思いの方はいかがでしょうか？　ちょっと勇気がいりますよね。ありがとうございます。

（会場からの意見）　簡単に決着するのではなく、慎重に考えるべきではないでしょうか。

坂井　ありがとうございます。橋本先生の話にありましたとおり、簡単にこれが一〇〇パーセント決まるわけではないわけです。まず着実に調査成果を積み重ねて行って、いろんな方面からやはり検討することが今後も必要だということとは、調査担当者あるいは関係者の皆さん、そのように思っておられます。

さて、箸墓古墳ですが、白石先生は先ほど、いろいろな論点を挙げられて、箸墓については卑弥呼の可能性が高いのではないかと言うことをお話されました。

白石先生、この古墳は陵墓に指定されてもいて、墳丘部分については中々難しい面もありますが、墳丘の周辺では細かい調査が積み重ねられていて、かなりの成果があげられていますが、それはどのように評価されるのか、今後どのようなことが必要なのかとかいったことなど、お願いします。

白石　この箸墓古墳は、墳丘の残りが非常に良くて、日本の大型前方後円墳の中でも、最もよく残っているものの一つだと思います。部分的にはもちろんわからないところもあるのですが、大体墳丘の形態というのは、復原できるわけです。ただ、問題は周辺部です。これは橋本さんを始めとする桜井市教育委員会の方々が、周辺で家が建ったり、開発計画がある際には、可能な限り発掘調査をやっていただいている。そのおかげで最近ではある程度、墳丘の周辺の様子がわかってきています。ここでは墳丘の周りに、比較的細い幅一〇mほどの濠がめぐってい

写３　箸墓古墳（桜井市箸中）

ることはほぼ間違いない。面白いのは、その外に外堤のようものがあり、さらにその外側の非常に広い範囲を、ほぼ同じ深さに掘り揃えていることがわかってきた。

これは、橋本さんにお聞きしたいんですが、土取り穴でもあり、外濠でもあると考えておられるんじゃないかと思いますが、私はそれは当たっているんじゃないかと考えています。周りから相当たくさんの土を取って墳丘を盛り上げる。そしてその外側の土を採取した後を外濠のような形に整形している可能性が、非常に強いんではないかと思うんですが。いずれにしても、まだ調査は一部分しか行われていませんので、さらに調査を進めて箸墓古墳の外域の状況を明らかにしていただきたい。これは言わなくてもやっていただけることは間違いないのですけれども。それから、この箸墓の周りは、従来、比較的開発行為は少なかったんですが、最近はそれが急速に多くなって、外から見えないような感じになりつつあるのが、ちょっと残念です。古墳というのは単に墳丘だけで構成されるものではなくて、その外側の濠、外堤などを含めて一体のものですから、本来の外域の実態を明らかにして、これはやはり、国の史跡として保存していく必要があると思います。箸墓古墳については、日本最古の大型前方後円墳であり、卑弥呼の墓である可能性も大きい。その外域の本来の形態を明らかにする調査を、今後もぜひ続けていただきたいと思います。

坂井　古墳の周辺について話がありましたが、具体的に発掘してわかる点のほかに、地表面からでもプランが見えるような感じがしますが、古墳周辺についてはどこまでわかっていますでしょうか？

橋本　はい、最近の調査では、先ほど白石先生がおっしゃいましたように、現在木の生えている墳丘の周囲に、幅一〇mぐらいの濠がめぐるというのはほぼ間違いないようで、前方部の南側、北側、後円部東側、多くの地点で見つかっています。一方、外側のいわゆる外濠になるのではないかというものなんですが、第1章の写5（P.10）の右上の方に後円部の曲線に沿うような形で外濠の肩になりそうなラインが見て取れます。ちょうどここにはJRの線路が通っていますが、線路の外側まで丸みのある水田畦畔があり、まだ調査が行われていませんが、推定では箸墓の墳丘に盛るための土取りの範囲および外濠の肩のラインとなるのではないかと考えられています。そして、それがずっと南に周りこんできまして、前方部の南西に墓地があるのですが、この付近での調査のときにも、やはり外濠の肩のラインとみられる落ち込みを、見つけておりまして、恐らくはぐるっと、いわゆる馬蹄形に近いような形状で、外濠のラインはめぐるものと考えております。

坂井　もう一点教えてください。少々聞きづらいところがありますが、橋本さんの師匠である、寺澤薫先生は、箸墓は卑弥呼の墓ではないと言われておられますが、それに関して、橋本先生、弟子として言いづらい点はあるかもしれませんが、正直にちょっと今の思いを語っていただくとありがたいのですが。

橋本　実は少し前までは、私も箸墓古墳は卑弥呼の墓ではないとハッキリと考えておりまして、今も基本的には変わっていません。先ほど白石先生が楽屋でおっしゃられていました。「困ったことに纒向掘っている橋本君とか、ずっと研究している石野さん、寺澤さんが、箸墓古墳は卑弥呼の墓じゃないと言っているんだよね。」って……（笑）。

ただ、建物群を掘ってからはちょっと考えがうまくまとまっておりません。仮定の話になってきますが、今回調査しました大型建物群が、三世紀の中頃、庄内３式期に廃絶するということであれば、年代的な可能性としては卑弥呼が、あそこにいた可能性というのは出てくるであろうと思います。この考えが許されるのであれば、私はこの建物が廃絶するときが、卑弥呼という人が亡くなったときと考えていいと思っています。そうなると庄内３式期に卑弥呼が亡くなり、居館が廃絶、布留０式期の古相に箸墓古墳の築造がスタートするというのは、白石先生のおっしゃるように卑弥呼の墓だというストーリーで考えれば、居館と墳墓、土器の型式的には両者の時期が比較的近接し、一見、説明がつきやすいようにも思えます。

しかしながら、庄内３式と布留０式古相とは前後に続く土器形式でも各々の時間幅は二十年ぐらいはあると思われますので、一つの土器型式のどのあたりに建物群の廃絶や箸墓古墳の築造をもってくるかで、両者の時間差が何年とも何十年ともとる事ができるというのが現状ですので、これからもう少し調査と検討を進めながら時間をかけて、今は卑弥呼の墓じゃないと言っている立場ですので（笑）、はっきりとした考えをまとめたいと思っております。

纒向遺跡から見えてくるもの

坂井　白石先生、今回の纒向遺跡の調査を総括する意味で、今後、遺跡の調査ですとか、調査・研究、それから保存など、今回の調査は大きなエポックになると思いますが、その辺のところをまとめてお願いしたいと思います。

白石　平成二十年度から桜井市が、纒向遺跡の実態を、もう少し明確にしたいということで、それまでの調査はすべて開発に伴う調査だけだったんですが、今回こういう学術調査といいますか、遺跡の実態を明らかにするための調査を始められたところ、早速大きな成果が上がってきたわけです。これは今までの先学たちの調査成果を正しく継承して、的確な計画を立てられたところに成功の理由があるのだと思います。私どももう少し時間がかかるのではないかと思っていたのですが、非常に早い時点で、大変な成果があがってきた。ただし、残されている問題もきわめて多いわけです。今回の大型建物地区に限っても、この建物のB・C・Dとその周りの柵のところは非常にせせこましいんですね。したがって、これはやはり正面とは考えられないんで、橋本さんも想定されているように、東側がおそらく正面だろうと思われる。そうすると、この建物Dの前にどういうものがあるのか、広場があるのか、さらに同じような大きな建物があるのか、やはりその辺を明らかにしないと、今回の建物群の性格を明確にすることはできないだろうと思います。ですから、これはいろいろと難しい問題があることはわかるのですが、せっかくここまで判ってきたわけですから、これはぜひとも、明らかにしてほしい。もう一つは橋本さんもおっしゃっておられたように、柵がどのように展開していくかということも、この遺構の性格を決めるのに重要な手がかりを提供してくれると思います。

それから、この纒向遺跡全体もそうですし、それからこの桜井市から天理市南部にかけての地域には、箸墓古墳を含めて、六基の巨大な初期の倭国王墓が展開しています。これら六基の初期倭国王墓を含むオオヤマト古墳群とこの纒向遺跡こそは、邪馬台国から初期ヤマト王権への展開過程、これは言い換えれば、日本列島に、国家というか、一つの大きな政治的まとまりが出来上がる過程を考える上に、決定的に重要な資料となる遺跡群です。この六基の大型古墳は、六基の大型古墳だけを残せばいいということではなくて、これら六基の大型古墳の周りに展開している中規模、小規模な古墳もまた、この問題を考える上に非常に重要な手がかりを提供してくれるものです。残念ながら、この六基の初期倭国王墓をめぐる周辺の古墳群については、本格的な群としての保存対策というのは何もできてないわけで

写４　満席の会場（奈良大学講堂）

す。日本の律令制古代国家が出来上がる前の飛鳥時代の宮跡や寺院跡とか、あるいは古墳については幸いある程度保存についてメドがついてきているわけですが、この纒向遺跡およびオオヤマト古墳群については、本格的な保存対策というのは、実はほとんどできてないわけです。それらは飛鳥と共に、日本における初期の国家形成の歴史を考える上に決定的に重要な歴史遺産群です。これは桜井市あるいは天理市だけの手に負えるようなものではなく、奈良県さらに国自身が、本格的な調査・保存策を考えていかないといけないわけです。今回の纒向遺跡の新しい発見を契機に、纒向遺跡およびオオヤマト古墳群の本格的な調査と保存対策が進んでいくことを強く望みたいと思います。

坂井　遺跡の発掘調査というのは、ちょっと何かをやれば、すぐ結論が出るというものではありません。土地を発掘調査する必要がありますし、それには綿密な検討、時間、人手、さまざまなものが必要になります。それが大変であっても積み上げていって、先ほど会場から貴重なご発言があったとおり、慎重に、さまざまな観点から、やはり検討を進めて、日本の歴史を明らかにしていくことが必要です。そして重要な遺跡は遺跡そのものを着実に保存して、それを我々現代人だけではなくて、将来の日本の国民がその歴史を感じられるよう、きちんとした保存と活用を、今後さらに進めていく必要があります。大変大きな課題を最後に白石先生から、的確にまとめていただきましてありがとうございました。

あらためて、お二人の先生、ありがとうございました。

写１　三角縁神獣鏡（黒塚古墳出土）（奈良県立橿原考古学研究所）〈同左〉〔天理市立古墳展示館絵はがき７号鏡（阿南辰秀撮影）〕
写２　画文帯神獣鏡（椿井大塚山古墳出土）（京都大学文学部考古学研究室）〔京都大学文学部博物館図録№36「椿井大塚山古墳と三角縁神獣鏡」より転載〕
写３　方格規矩四神鏡（椿井大塚山古墳出土）（写２と同）〈写２と同〉
写４　椿井大塚山古墳（木津川市山城町椿井）
写５　外山（桜井）茶臼山古墳（桜井市桜井）
写６　箸墓古墳の「大市墓」の標示
図２　中国鏡の分布の変化　〔岡村秀典「卑弥呼の鏡」『邪馬台国の時代』都出比呂志・山本三郎編／木耳社1990 刊より転載〕
図３　濃尾平野における古墳の編年　〔赤塚次郎「美濃・尾張」『全国古墳編年集成』石野博信編／雄山閣1995 刊より転載〕
図４　ホケノ山墳丘墓図　〔奈良県立橿原考古学研究所編『ホケノ山古墳調査概報』／学生社2001 刊より転載〕
写７　ホケノ山墳丘墓（桜井市箸中）
図５　愛知県尾西市西上免遺跡の前方後方形墳丘墓図　〔赤塚次郎氏による〕
写８　箸墓古墳
図６　奈良盆地東南部における大型古墳の分布　〈白石太一郎作成〉
写９　西殿塚古墳（天理市中山町）
写10　行燈山古墳（崇神陵・天理市柳本町）
写11　渋谷向山古墳（景行陵・天理市柳本町）
写12　黒塚古墳（天理市柳本町）
写13　外山（桜井）茶臼山古墳（桜井市桜井）
写14　メスリ山古墳（桜井市上之宮）
図７　箸墓古墳図　〔白石ほか「箸墓古墳の再検討」『国立歴史民俗博物館報告第３集』1984 年に一部加筆〕

第３章

写１　会場の奈良大学講堂壇上（左から　坂井、白石、橋本の先生方）
写２　現在の建物群跡地（ＪＲ桜井線巻向駅のホームから 2013.4）
図１　調査地位置図　〔桜井市埋蔵文化財センター2010「纒向考古学通信Vol. ３」より転載〕
写３　箸墓古墳
写４　満席の会場

＊提供者や撮影者を記していない写真はナカニシヤ出版編集部撮影

写14　纒向遺跡へ搬入された土器　（桜井市教育委員会）〈同左〉
写15　纒向遺跡出土の韓式系土器と鏃　（桜井市教育委員会）〈同左〉
写16　箸墓古墳の濠から出土した木製輪鐙　（奈良県立橿原考古学研究所）〈同左〉
写17　纒向遺跡から出土したベニハナの花粉と現代のベニハナ　（桜井市教育委員会）〈同左〉
写18　纒向遺跡出土の鍛冶関連遺物　（桜井市教育委員会）〈同左〉
写19　纒向遺跡出土の加工木と絹製品　（桜井市教育委員会）〈同左〉
写20　纒向遺跡出土の木製仮面　（桜井市教育委員会）〈同左〉
図４　二つの居館推定地　〈橋本輝彦作成〉
写21　居館推定地の航空写真（上ガ北）（桜井市教育委員会）〈同左〉
図５　居館推定地と周辺の遺構　〈橋本輝彦作成〉
図６　第166次調査と第20次・第162次調査の遺構配置図　〔桜井市立埋蔵文化財センター2010「纒向考古学通信Vol. ３」から転載〕
写22　建物Ｂと周辺の柵状柱穴群（左ガ北）（桜井市教育委員会）〈同左〉
写23　模造柱を立てた建物Ｂ（西北より）（桜井市教育委員会）〈同左〉
写24　模造柱を立てた建物Ｂと柵状柱穴群　（桜井市教育委員会）〈同左〉
写25　柱穴に収められた土器　（桜井市教育委員会）〈同左〉
写26　姿を現した建物Ｄ　（桜井市教育委員会）〈同左〉
写27　模造柱を立てた建物Ｄ　（桜井市教育委員会）〈同左〉
写28　南側と北側に棟持柱が見られる建物Ｃ　（桜井市教育委員会）〈同左〉
写29　直線状に並ぶ３棟のライン　（桜井市教育委員会）〈同左〉
写30　確認されたすべての建物と柵状柱穴群に模造柱を立てた様子　（桜井市教育委員会）〈同左〉
写31　現在の建物群跡（2013. ４）
写32　大型祭祀土坑からの遺物出土状況（第168次）（桜井市教育委員会）〈同左〉
写33　大型祭祀土坑完掘後の状況（第168次）（桜井市教育委員会）
写34　大型祭祀土坑から出土した桃核（第168次）（桜井市教育委員会）〈同左〉
図７　纒向遺跡第168次調査による大型土坑から出土した遺物一覧　〔桜井市纒向学研究センター・桜井市教育委員会編2013「纒向遺跡発掘調査概要報告書」『桜井市埋蔵文化財発掘調査報告書第40集』から転載〕
写35　建物Ａの代わりに検出された二基の井戸遺構（第176次）（桜井市教育委員会）〈同左〉
写36　建物Ｅ全景（第170次）（桜井市教育委員会）〈同左〉
図８　纒向遺跡辻地区の遺構配置図（１／750）（桜井市教育委員会）〈同左〉

第２章

図１　西日本における出現期古墳の分布　〈白石太一郎作成〉

《写真・図版一覧》

本書への掲載にあたり、下記の方々からご配慮を賜りましたこと厚く御礼申しあげます。この一覧は以下の順で記します（敬称略）。

掲載箇所　写・図NO.　名称　（所蔵者）〈提供者〉〔出典・参考文献等〕

カバー表　纒向遺跡の発掘調査で発見された建物群（ＣＧで復原・ＮＨＫ放送番組「“邪馬台国”を掘る」から）〈ⓒＮＨＫ／タニスタ, 監修：黒田龍二〉
表紙　画文帯同向式神獣鏡（ホケノ山古墳出土）〈奈良県立橿原考古学研究所〉
扉　纒向遺跡の発掘調査で発見された建物Ｂ・Ｃ・Ｄ（ＣＧで復原・カバーと同）〈ⓒＮＨＫ／タニスタ, 監修：黒田龍二〉
口絵図１　桜井市内の弥生遺跡の分布と纒向遺跡　〔橋本輝彦編2007『ヤマト王権はいかにして始まったか――王権成立の地　纒向――』(財)桜井市文化財協会から転載〕
写１　纒向遺跡の全景　（桜井市教育委員会）〈同左〉
写２　箸墓古墳（左背後に三輪山・桜井市箸中）
写３　ホケノ山古墳（桜井市箸中）
写４　纒向遺跡・建物群の配置状況（第162・166・168・170次調査の合成・上が北）（桜井市教育委員会）〈同左〉
図２　建物Ｄの復原図　（桜井市教育委員会）〔黒田龍二2012より転載し一部改変〕
第１章
写１　三輪山（箸墓古墳付近から望む）
写２　大神神社の二の鳥居
写３　纒向川（ホケノ山古墳付近）
図１　纒向遺跡の範囲　〈橋本輝彦作成〉
写４　箸墓古墳（大神神社の摂社檜原神社付近から望む）
写５　箸墓古墳（航空写真・上が北）〈桜井市教育委員会〉
図２　纒向遺跡地図　〔桜井市立埋蔵文化財センター編「纒向へ行こう」ガイドマップを参照して作成〕
写６　ホケノ山古墳（桜井市箸中）
写７　箸墓古墳（ホケノ山古墳上から）
写８　勝山古墳（桜井市勝山）
写９　纒向石塚古墳（桜井市太田字石塚）
写10　矢塚古墳（桜井市東田）
写11　東田大塚古墳（桜井市東田字大塚）
写12　纒向遺跡出土の鋤と鍬（桜井市教育委員会）〈同左〉
図３　各地の遺跡における鋤と鍬の比率　〔寺澤薫1984「纒向遺跡と初期ヤマト政権」『橿原考古学研究所論集６』奈良県立橿原考古学研究所から転載〕
写13　纒向大溝（南溝）（奈良県立橿原考古学研究所）〈同左〉

〈著者紹介〉

〈掲載順〉

橋本《はしもと》 輝彦《てるひこ》

考古学専攻。一九六九年、奈良県吉野町生まれ。桜井市教育委員会文化財課係長。桜井市纒向学研究センター主任研究員。奈良大学文学部国文学科卒業。専門は弥生時代終末から古墳時代前期にかけての土器や墳墓など。纒向遺跡の学術調査を担当。

主な著書『考古資料大観』（共著）（小学館、二〇〇二）『大和・纒向遺跡』（共著）（学生社、二〇〇五）『研究最前線 邪馬台国』朝日選書八七八（共著）（朝日新聞出版、二〇一一）『邪馬台国と纒向遺跡』（共著）（学生社、二〇一一）『古墳時代の考古学六 人々の暮らしと社会』（共著）（同成社、二〇一三）ほか多数。

白石《しらいし》太一郎《たいちろう》

考古学専攻。一九三八年、大阪市生まれ。大阪府立近つ飛鳥博物館館長、前奈良大学教授。同志社大学大学院博士課程満期退学。国立歴史民俗博物館名誉教授、総合研究大学院大学名誉教授。専門は古墳～飛鳥時代で、考古学から日本の古代国家、古代文化の形成過程を追求。

主な著書『古墳と古墳群の研究』（塙書房、二〇〇〇）『古墳と古墳時代の文化』（塙書房、二〇一一）『考古学と古代史のあいだ』（ちくま学芸文庫、二〇〇九）ほか多数。

坂井《さかい》 秀弥《ひでや》

考古学専攻。一九五五年、新潟市生まれ。奈良大学文学部文化財学科教授。関西学院大学大学院博士前期課程修了。博士（学術）。専門は古代から近世までの総合的地域史。

主な著書『日本の遺跡』シリーズ（企画・監修）（同成社、刊行中）『古代地域社会の考古学』（同成社、二〇〇八）『日本海域歴史体系』第2巻（編）（清文堂出版、二〇〇五）『社会集団と政治組織』（共著）（岩波書店、二〇〇六）ほか多数。

〈編者紹介〉

奈良大ブックレット04　**邪馬台国からヤマト王権へ**

二〇一四年二月二二日　初版第一刷発行
二〇一五年一二月七日　初版第二刷発行

編　者　学校法人 奈良大学
著　者　橋本輝彦／白石太一郎／坂井秀弥〈掲載順〉

発行者　中西健夫

発行所　株式会社 ナカニシヤ出版
〒六〇六-八一六一　京都市左京区一乗寺木ノ本町一五番地
電話（〇七五）七二三-〇一一一
ファックス（〇七五）七二三-〇〇九五
振替　〇一〇三〇-〇-一三一二八
URL　http://www.nakanishiya.co.jp/
e-mail　iihon-ippai@nakanishiya.co.jp

印刷・製本　共同精版印刷株式会社
装幀　河野　綾／編集　林　達三・石崎雄高

ISBN978-4-7795-0797-7 C0321

奈良大ブックレット発刊の辞

市川　良哉

時代が大きく変わっていく。この思いを深める。少子高齢化は社会の在り方や個人の生活を変えていく。情報の技術的な進歩が人とのコミュニケーションの在り方を激変させている。人はどう生きるべきかという規範を見失ったかに見える。地震や津波などの自然災害、殊に原発事故の放射能汚染は生命を脅かしている。こうしたことの中に将来への危惧にも似た不安を覚える。

　不安はより根本的な人間の気分を意味するという。こうした気分は人の内面に深く浸透していく。不安にさらされながらも、新しい時代に相応しい人としての生き方こそが求められなければならない。そうしたとき、人は自らの生き方を選択し、決断していかなければならない。孤独な生を実感する。そこでも、われわれはこのような生き方でいいのだろうかと大きな不安を抱く。

　不易流行という言葉はもと芭蕉の俳諧用語で、不易は詩的生命の永遠性をいい、流行は詩の時々におけるはやりをいう。ここから、この語はいつの時代にも変わる面と同時に、変わらない面との、二つをもっていることを意味する。

　変化する面は措《お》くとして、歴史とは何か。文化とは何か。人間とは何か。人間らしい生き方とは。平和とは何か。人間や世界にかかわるこの問いは不変である。不安な時代の中で、われわれはこの根源的な問いを掲げて、ささやかながらも歴史を、文化を、人間を追求していきたい。そうした営みの中で、人の生き方を考える道筋を求め、社会を照らす光を見出していきたい。

　奈良大ブックレットは若い人たちを念頭においた。平易な言葉で記述することを心がけ、本学の知的人的資源を活用して歴史、文化、社会、人間について取り上げる。小さなテーマに見えて実は大きな課題を提起し、参考に供したいと念願する。

（奈良大学 理事長）

二〇一二年一〇月